어렵지 않게, 쉽게쉽게 해봐 요!

애니만 봤더니
일본어를 잘하게 된 건에 대하여

♦ 일러두기

- 모든 일본어에는 한글 발음을 달았습니다.
  한글 발음은 최대한 일본어 발음에 가깝게 싣고자 했습니다.
- 책에 실린 모든 풍경 사진은 저자 센님이 일본에서 촬영한 사진을 수록했습니다.
- 특별함을 더하기 위해 108, 109, 111, 191, 230, 231페이지에
  저자 센님의 손글씨 이미지를 실었습니다.

애니만 봤더니 일본어를 잘하게 된 건에 대하여

센님 | 정세영 지음

PROLOGUE

새벽 6시, 강남 교보문고.

아직 문을 열 기미도 안 보이는 이른 시간인데도 서점 앞에는 줄이 길게 늘어서 있습니다. 줄을 섰던 사람들은 서점 문이 열리자마자 일제히 한 행사의 입장 번호표를 받는 곳으로 향합니다. 행사 시작까지는 한참 남았는데도 서점 안에 자리한 행사장 문 앞으로 모여듭니다. 드디어 행사가 시작되고 사람들이 순서대로 입장합니다. 시간이 흐를수록 행사의 열기는 뜨거워지고, 어느덧 서점과 약속한 시간이 끝나가는데도 입장 줄은 줄어들 기미를 보이지 않습니다. 새로 온 사람들이 줄을 서고, 끝날 때까지 지켜보겠다는 사람들이 행사장에 남습니다. 서점 안은 점점 복잡해져 다른 손님들이 불편해할 정도입니다. 서점 관계자분도 난감해하십니다. 이런 인파는 개점 이래 처음이라고요.

"행사 시작한 지 두 시간이 훨씬 넘었어요. 이제 정리해야 하는데 계속 오시니 큰일이네요."

"그러면 줄 서 계신 분까지만 진행하고, 이후에 오신 분들은 돌려보낼게요."

행사를 주관한 출판사 측에서 어쩔 수 없이 이렇게 마무리하고 결국 100명이 넘는 사람들이 그냥 발길을 돌렸습니다. 저의 첫 책, 《여행 일본어 무작정 따라하기》 출간 기념으로 열린 저자 사인회 날 있었던 일이에요.

《여행 일본어 무작정 따라하기》는 일본어를 전혀 몰라도 누구나 바로 따라 할 수 있도록, 가장 실용적인 어구와 여행 중 실제로 필요한 말들을 상황별로 정리해놓은 책이에요. 일본어를 처음 접하는 사람이 쉽게 일본어로 말하기 위해 가장 중요하다고 생각했던 것들을 모은 결과물이었답니다. 책은 출간 즉시 외국어 베스트셀러 1위를 차지했고요.

저를 이 책으로 처음 만나시는 분들은 이렇게 생각하실 수도 있겠네요.

'첫 책부터 그렇게 큰 호응을 얻다니 일본어 업계(?)에선 굉장히 알아주는 사람인가 봐.'

그리고 이렇게 물어보실 수도 있겠죠.

"대학에서 일본어를 전공하셨나요?"

사실 저와 만난 많은 분들이 이렇게 묻곤 하십니다. 일본어와 일본 여행 인플루언서로 알려졌으니까 당연히 그럴 거라 생각하시는 것 같아요. 네, 저는 일본어를 어느 정도 할 줄 압니다. 일본어 콘텐츠를 주로 다루는 유튜브도 운영하고 있고, 일본에 살면서 일도 할 수 있는 정도입니다. 지금 이 책도 일본에서 쓰고 있고요. 하지만 이 질문에 대한 대답은 "전혀 아닙니다"예요. 제 전공은 일본어와 전혀 관계가 없어요. 법학을 전공했답니다.

"에? 법이요?"

제 대답을 들으면 또 많은 분들이 이렇게 의아하다는 반응을 보이시죠. 요즘은 대학 전공을 살려서 일하는 사람이 많지는 않다고 생각했는데, 역시 제가 조금 특이한 경우이기는 한가 봐요. 아니면 왜 법학처럼 공부하기도 힘들고 직업 분야도 확실한 전공을 살리지 않고 하필 일본어로 일하고 있을까 의

아해하시는 걸까요? 의아하다는 반응 후에 또 자연스럽게 이런 질문을 하시곤 하죠.

"그럼 일본어를 오래 공부하셨나 봐요?"

말씀하시는 '오래'가 어느 정도의 기간인지는 아마 저마다 기준이 다를 거라는 생각이 드는데요. 하지만 제가 일본어를 '제대로' 공부한 기간은 누가 보기에도 그렇게 오랜 기간은 아닐 겁니다. 본격적으로 일본어를 시작한 지는 3년 하고 반년 정도 되었으니까요.

"에~ 거짓말!"

제 일본어 경력을 알고 대체로 이런 반응을 보이시는 걸 보면, 공부한 기간에 비해 제 일본어가 능숙하다고 생각하신 것 같아서 기분이 좋기도 합니다. 길지 않은 시간 동안 공부한 일본어로 앞에서 설명한 많은 일들을 하고 있다는 게 저 스스로도 아직까지 신기하답니다. 일본어와 아무 관련 없는 삶을 살던 제가 일본어로 수많은 일을 하게 되기까지의 이야기를 지금부터 해보려고 해요.

이 이야기는 제가 일본어를 배워온 과정을 담고 있지만 '공부법', '학습법'이라고 딱 잘라 말할 만큼 딱딱하고 진지한 이야기는 아닐 거예요. 제 일본어 실력이 그 누구보다 탁월한 것도 아니고, 저의 공부법이 일본어 공부의 완벽한 정석도 아니며, 일본어 기초가 탄탄한 것도 아니에요. 저는 속된 말로 '야매'로 일본어를 배운 사람이랍니다. 일본 애니메이션을 보는 것으로 일본어를 시작했거든요. 저는 아무 가이드도 없이, 학원 한 번 다니지 않고, 오로지 저 혼자 멋대로, 독학으로 자연스럽게 일본어를 습득했습니다.

그럼에도 불구하고 이렇게 일본어 배운 이야기를 써 내려가고 있는 이유는 저처럼 공부해도 일본어를 구사할 수 있고, JLPT N1 등급을 딸 수 있고, 일본에서 생활하면서 일을 할 수 있고, 일본어 책을 쓸 수도 있다는 사실을 알리고 싶어서예요.

꼭 정석적인 공부만이 옳은 공부법일까요? 누구나 인생에서 지름길을 원하고, 조금 더 편하고 재밌는 것을 추구하고, 적게 일하고 많이 버는 것을 원하는데요! 언어 공부, 학습법이 꼭 거창해야만 할까요? 저는 아니라고 생각합니다. 권위 있고 검증된 학습법이 아니면 안 된다는 생각은 부담으로 다가와 언어에 대한 진입 장벽을 높이고, 결국 언어 익히기를 포기할 구실만 더 많아지게 할 뿐이라고 생각해요.

제가 애니메이션으로 일본어를 시작했다고 했지만, 일본어를 배우는 데 도움이 될 테니 애니메이션도 보자는 생각으로 본 게 아니라, 그냥 한가한 시기에 순전히 심심풀이로 보기 시작했을 뿐입니다. 공부해야 한다는 계획이나 부담은 전혀 없었어요. 그런데 지나고 나서 돌이켜보니, 믿을 만한 공부법이나 불타는 의지가 아니라 바로 '재미'와 '즐김'이 일본어 실력을 일정 수준까지 끌어올리는 원동력이 되었다는 사실을 깨달았어요. 저의 일본어 경험은 다름 아닌 '덕질'의 역사이기도 하거든요.

그래서 '일본어를 꾸준히 재미있어하는 방법'에 대해서라면 자신 있게 알려드릴 수 있겠다는 생각이 들었죠. 즉 이 책은 제가 덕질로 일본어를 배운 이야기라고 할 수 있답니다.

외국어를 유창하게 하려면 진지하고 절실한 자세로 성실히 공부해야 한다는 생각을 품고 계신 분들은 이렇게 생각하실지도 몰라요.

'겨우 애니메이션 몇 개 본다고 어떻게 언어가 되겠어?'

네. 맞는 말씀이에요. 하지만 제 '덕질 일본어 과정'을 함께 따라가시다 보면 느끼시겠지만, 애니메이션 시청이라는 행위에는 언어를 습득하는 데 도움이 되는 여러 가지 조건들이 꽉

꽉 들어차 있답니다. 일단 다양한 상황에서 여러 가지 대화를 들을 수 있고, 기발한 스토리를 즐길 수 있고, 자막으로 문자를 볼 수 있는 데다가, 아무리 보고 또 봐도 끝이 없을 만큼 작품이 많기까지 합니다. 한번 빠져들면 '겨우 몇 개' 보는 걸로 그칠 일이 없다는 뜻이지요. 콘텐츠가 그야말로 무한 제공 된다니까요.

그중에서도 가장 강력한 장점은 '공부한다는 의식 없이' 일본어와 가까워질 수 있다는 거예요. 바로 이 점 덕분에 '즐기는 기분'을 놓치지 않고 일본어를 할 수 있게 되었습니다.

그리고 어떤 외국어 콘텐츠에 빠져 덕질을 하다 보면, 어느새 그 외국어 자체도 덕질 대상이 되더라고요. 제가 애니메이션을 보면서 함께 했던 여러 가지 다른 '일본어 익히기 활동'도 결국 덕질하는 패턴과 비슷해졌던 거예요. 공부한다는 의식 없이 일단 재미있어서 푹 빠지고, 새로운 정보를 알아내기 위해 스스로 움직이고, 알아낸 것들은 곧바로 해보면서 더 재미를 느끼고 능숙해질 수 있었거든요. 구체적으로 어떻게 했는지에 대해서는 이제부터 할 이야기 안에 차근차근 담아보겠습니다.

정말로 덕질로만 일본어를 해도 제가 하는 만큼은 할 수 있다니까요?

그러니 이제부터 우리, 편하게 일본어 해봅시다.

공부하지 말고요. 그냥 해보자고요.

PROLOGUE

1. 일본어 4등급, 〈코난〉밖에 몰랐죠   014

쌤님의 ONE POINT LESSON
일본어와 친해질 준비

2. 집순이는 그렇게 덕후가 되어가고   038

쌤님의 ONE POINT LESSON
나와 친해질 애니메이션 선택하기

3. 덕질에 스며들기? 어렵지 않아요   064

쌤님의 ONE POINT LESSON
J-POP으로 일본어 감성 즐기기

4. 애니만 봤는데 귀가 트였다니까요   090

쌤님의 ONE POINT LESSON
외워야 한다면 최대한 게임처럼

5. 벽 보고 말해도 효과 있다니까요   114

쌤님의 ONE POINT LESSON
말문 트기의 시작은 혼잣말 기법으로

6. 덕후와 크리에이터는 종이 한 장 차이   152

쌤님의 ONE POINT LESSON
회화, 무엇보다 자신감을 연습하세요

7. 얼렁뚱땅 JLPT N1 도전기   182

쌤님의 ONE POINT LESSON
초고속 JLPT 지름길 공부법

8. 회사를 뒤로하고, 워킹 홀리데이   216

쌤님의 ONE POINT LESSON
여행을 앞두고 있을 때 알아두면 좋은 일본어

EPILOGUE

1.

일본어 4등급, 〈코난〉밖에 몰랐죠

スタートに必要なのは
ちょこっとの好奇心、
くらいだよ。

スターとに ひつよーなのわ
ちょことの こーきしん
くらいだよ

시작에 필요한 건 약간의 호기심,
그 정도야.

- 〈하이큐!!〉 중에서 -

첫 만남이요?
노관심 그 자체

"야, 네가 일본어로 먹고살 줄 진짜 상상도 못 했다."
"정세영이 일본에서 살게 될 줄은 꿈에도 몰랐어."
"네가 일본어로 말할 땐 아직도 적응이 안 돼."

제 고등학교 친구들은 저만 보면 이렇게 말합니다. 말씀드렸다시피, 제가 '본격적'으로 일본어를 공부한 지는 고작 3년 반 정도 되었어요. 그럼 3년 반 이전의 저는 어땠을까요. 아주 어릴 적 일본에 살았거나 친척 중에 일본인이 있기라도 한 걸까요? 물론 아닙니다.

저와 일본어의 첫 만남은 상당히 고리타분했습니다. 고등학생 때 제2 외국어라는 교과목으로 만나게 되었거든요. 게다가 제가 다닌 고등학교에는 제2 외국어 과목이 일본어 딱 하나뿐이어서 선택의 여지조차 없었죠. 전교생의 제2 외국어는 강제로 일본어 확정! 그래서 그랬는지는 몰라도, 저는 학교에서 배우는 일본어 과목에 전혀 흥미를 느끼지 못했어요. 억지로 배운다고 생각하니까 별로 재미도 없고 관심도 가지 않았달까요. 같은 외국어라도 영어는 일찍부터 배우기도 하거니와 일상생활 곳곳에서 워낙 많이 접하니 친숙하고 그 필요성도 크게 느끼는데, 일본어는 평범한 한국인이라면 생활 곳곳에서 자주 접할 정도로 친숙하지는 않거든요. 그리고 솔직히 말하자면… 예, 그렇습니다.

저는 사실 공부를 즐기는 타입은 아닙니다. 헤헤….

좀 더 솔직히 말하자면 당시 저는 '공부 못하는 애들'이라는 부류에 속했을지도 모르겠다는 생각이 듭니다. 좋아하는 과목은 밤을 새워가며 공부하지만 싫어하는 과목은 아예 손도 대지 않을 정도로 '과목 편식'이 심한 학생이었거든요. 대한민국 대학교 입시에는 아주 적합하지 않은 학습 패턴이었죠. 이때는 일본어가 바로 제가 손도 대지 않은 과목이었고 그래서 중간고사 점수도 4등급인가 5등급을 받았던 것 같습니다. 성적조차도 가물가물 기억이 안 날 정도니 얼마나 '노관심'이었는지 대략 짐작이 가시죠?

 이렇게 창피한 과거를 털어놓는 이유는, 이런 저도 3년 반 공부해서 일본어로 먹고사는 게 가능해졌으니 이 책을 읽고 계신 여러분도 얼마든지 할 수 있다는 이야기를 하고 싶어서예요. 이게 바로 제가 책을 쓰겠다고 마음먹게 된 이유이자, 이 책에서 하고 싶은 이야기의 전부이기도 해요.

 아무튼, 2학년 때 그런 비루한 성적을 받고 1년이 지난 후 수능도 끝났어요. 일본어는 그렇게 고등학교 시절 잠시 스쳐지나가 생각도 나지 않을 따분한 교과목으로 남는 듯했죠. 그리고 저에게도 꿈만 같은 '그 기간'이 찾아왔어요. 앞으로 인생에서 다시는 없을, 한가하고 자유로우며 아무 부담 없이 보낼 수 있는 '대학 합격 후, 대학 입학 전'이라는 핑크빛 기간. 이 시간을 알차게 보내기 위해 저는 대입 준비를 할 때보다 신중하고도 치밀하게 '자유의 투두리스트'를 짜기 시작했어요.

⟨명탐정 코난⟩, 내 덕질의 돌잡이

 어떻게 하면 가장 효율적으로 꿀을 빨며 이 시간을 보낼 수 있을 것인가?

 가장 먼저 투두리스트를 채운 것은 ⟨명탐정 코난⟩ 보기였습니다. 투니버스 전성기 시절 절찬리에 방영된 바로 그 애니메이션이요. 저와 동시대에 유년기를 보내신 분이라면 당시 어린이들이 이 애니메이션에 얼마나 열광했는지 잘 아실 거라 생각해요.

 ⟨명탐정 코난⟩은 천재적인 두뇌를 가진 고등학생 탐정이 기이한 사건에 휘말려 초등학생의 몸으로 변하면서 시작되는 이야기예요. 주인공 코난은 겉보기엔 초등학생이지만

번뜩이는 추리력으로 많은 어려움 속에서도 난제를 해결하게 돼요. 제가 지금까지도 추리물을 좋아하는 건 <코난> 덕분일 거예요. 당시에 어린이들이 볼 수 있었던 다른 애니와 비교할 때 소재부터가 독특하고, 주인공과 주변 캐릭터들의 매력도 독보적이었죠. 사건 발생 시점부터 나도 모르게 함께 단서들을 찾게 되고 범인이 누구인지 추측하게 돼요. 찾은 단서들을 바탕으로 코난과 똑같이 범인을 추리해냈을 때는 마치 제가 사건을 해결하기라도 한 듯 들뜨기도 했어요. 단순히 시청자 입장에서 보기만 하지 않고 극 속으로 들어가 함께 풀어나가는 형식이다 보니 더 깊게 몰입할 수 있었죠.

이런 점들은 어린이 시청자의 마음을 훔치기에 충분했고, <코난>이 한 시대를 풍미한 인기작을 넘어 '레전드'로 남게 된 비결이 아닌가 싶어요. 그 당시 투니버스에서 <명탐정 코난 극장판>도 자주 방영해주어 종종 본 기억이 나는데 극장판 특유의 스케일, 액션 신 등이 TV용 에피소드와는 또 다른 매력이 있어서 열심히 챙겨 봤죠.

이렇게 <명탐정 코난>은 어릴 적 텔레비전을 틀었을 때 우연히 흘러나오면 "럭키!"라는 말이 절로 나오는 저의 '인생작'이었습니다. 어릴 때 재밌게 봤던 기억이 워낙 생생하게 남아 있어 자유의 투두리스트 1순위에 올리게 되었던 것 같아요. 30년도 더 전부터 연재를 이어온 일본의 대표 추리만화이자 국민 애니메이션이다 보니, 제가 투니버스를 볼 수 없었던 중고등학교 시기에도 일본에서는 뒷이야기가 꾸준히 방영되고 있었어요. 이제 수능이라는 짐을 내려놓은 상태로 그때까지 못 본 에피소드들을 마음껏 즐길 수 있게 된 거죠.

그렇다면 기왕 〈명탐정 코난〉을 보는 김에 일본어로 보면서 공부해야겠다는 생각을 했던 거냐고요? 그럴 리가요! 전혀 아닙니다. 저는 아주 사소한 이유로 일본어 음성에 한글 자막이 붙은 자막판을 골랐답니다. 다시보기 서비스로 쭉 볼까 싶어 살펴보니, 최신화에 가까워질수록 한국어 더빙이 아닌 자막판밖에 없었거든요. 아무래도 보는 도중에 캐릭터의 목소리가 바뀌면 몰입에 방해가 될 것 같았어요. 또 〈코난〉의 경우 한국어 더빙판은 이름이나 지명도 한국 이름으로 로컬라이징이 되어 있기에 더빙판을 보다가 갑자기 자막판으로 넘어가게 되면 인물 이름을 다시 익히기도 어려울 것 같아 아예 처음부터 자막판을 보기로 결정했어요. 공개된 모든 영상에 한국어 더빙판이 있었다면 아마 전 그냥 한국어로 〈코난〉을 정주행했을 거예요. 돌이켜보면 이런 사소한 이유 때문에 일본어와의 인연이 시작된 건가 싶어 재미있기도 해요.

이렇게 저의 인생작 〈코난〉을 자막판으로 하나씩 정주행하기 시작했어요. 어릴 적 텔레비전에서 방영할 때도 빨리 다음 화가 보고 싶어 방영일을 손꼽아 기다렸는데 여러 회차를 원하는 만큼 볼 수 있는 지금은 다음 화로 넘어갈 때 끊고 싶지 않을 정도로 더 몰입하게 되더라고요. 밀려 있던 TV판을 다 보고 나서, 두 자릿수로 쌓인 극장판을 홀린 듯이 다 찾아 보게 되었어요. 〈코난〉 극장판 시리즈는 예전부터 명작이라 불려온 유구한 역사가 있기에 믿고 볼 수 있었어요. TV판 에피소드와는 별개의 스토리로 전개되기에 그 전 회차들을 무조건 봐야 하는 것도 아니어서 부담이 덜하니 친구들과 함께 보거나 친구들에게 보라고 '영업'할 때도 중요한 포인트가 됐죠. 혹시 이 글을 보고 〈명탐정 코난〉에 관심이 생긴 분들은 극장판부터 가볍게 도전해보시라고 또 영업을 하지 않을 수 없겠네요.

〈코난〉으로 답사한 일본,
한 번 가줘야지

 그렇게 〈코난〉에 푹 빠지다 보니 차츰 일본이라는 나라에 관심이 생겼어요. 코난이 사는 동네 풍경이 나올 때마다 알게 모르게 마음이 몽글몽글해졌달까요? 요즘 흔히들 말하는 전형적인 '일본 감성'과는 좀 동떨어진 모습이긴 했지만요. 많은 사람들이 떠올리는 '일본 감성'의 풍경은 눈부시게 하얀 뭉게구름이 피어오르는 짙푸른 여름 하늘이나 문 열린 다다미방에 불어 든 바람이 조그만 유리 후링(일본식 풍경)을 울리는 모습들이죠. 〈코난〉 속 일본 풍경은 그와는 거리가 멀었지만 어떻게 보면 더 현실적인 일본의 모습이었다고나 할까요. 도쿄 한복판에서 사건이 벌어지다 보니 녹색 정원과 다다미방보다는 회색 고층 빌딩을 더 많이 보게 되는데 저는 오히려 그 풍경에 이상하게 마음이 끌렸어요. 도쿄에 실제로 있는 경시청 건물이 그대로 나오고, 도쿄 사람들의 실제 삶의 터전인 회사, 가게, 식당, 선술집 같은 도시 풍경이 펼쳐지는데 한국과 비슷하면서도 굉장히 다른 풍경이었어요. 그 미묘한 다름이 일본에 대한 흥미를 유발한 것 같아요. 어느 순간부터 '나도 저 풍경 속으로 들어가 살아보고 싶다'라는 생각이 들었다고나 할까요.

다양한 사건을 추리하고 수사하는 이야기인 〈코난〉은 사건의 배경이 도쿄에만 국한되지 않고 일본 전역, 더 넓게는 외국까지 확장되기도 해요. 그러다 보니 일본 각 지역의 실제 랜드마크와 관광지도 다양하게 등장하는데 그게 또 색다르게 기억에 남더라고요. 애니메이션이기에 현실적으로는 불가능한 스토리도 많았지만, 어쨌든 현재의 일본을 배경으로 일본 특유의 문화나 관습을 소재 삼아 전개되는 에피소드도 많았는데 그것도 흥미로워서 질리지 않고 볼 수 있었어요. 제일 기억에 남는 에피소드는 오사카가 속한 관서 지역의 사투리로 범인을 추리하는 편이었는데 '일본에서는 이런 식으로 사투리를 쓰는구나', '이 지역 사람들의 성격은 이렇구나' 같은 생각을 하면서 견문이 넓어진 기분도 들었답니다. 애니메이션을 보는 것뿐인데도 일본 여러 지역을 여행하고 온 느낌이었어요.

그렇게 대리 여행을 즐기기는 했지만 진짜 여행만 할까요? 제 투두리스트에는 '가족여행'도 높은 순위에 들어가 있었어요. 살면서 드물게 맞이하는 한가한 시기인데 이때를 놓치면 앞으로 또 언제 기회가 올지 모르잖아요? 가족들도 같은 생각이었고, 여행지는 일본 후쿠오카로 결정되었어요. 모처럼 시간 내어 온 가족이 함께 가는 것이니 국내보단 해외가 좋겠고, 해외 중에선 가까운 일본이 만만하고, 일본 중에서도 후쿠오카가 무난하게 가기 좋은 여행지로 보였거든요. 후쿠오카가 보통 이런 흐름으로 선택하는 여행지 중 하나이기 때문에 저희 가족도 후쿠오카로 떠나기로 했던 거죠.

그리고 저는 왠지 후쿠오카 정도라면 능숙하게 여행할 수 있을 것 같다는 근거 없는 자신감을 품고 있었어요. 내심 '이떼다' 싶었달까요? 〈명탐정 코난〉을 보고 또 보며 일본어가 어느 정도 익숙해졌다는 느낌이 들었거든요. 그러나 그때는 미처 알지 못했습니다. 〈명탐정 코난〉의 대사에서 가장 자주 들을 수 있는 어휘는 대체로 경찰과 관련된 단어나 범죄 용어라는 사실을….

머리를 쥐어짜 내뱉은
일본어 첫마디는?

근거 없는 자신감을 품은 채 저는 〈코난〉에서 보던 길거리 풍경들이 드디어 눈앞에 실제로 펼쳐진다는 기대감을 안고 후쿠오카 공항에 발을 내디뎠습니다. 몇 분 지나지 않아, 일본어를 하는 원어민과 진짜로 말을 해볼 기회가 찾아왔어요.

바로 택시였습니다.

사실 일본 여행을 가서 택시를 탈 일이 그리 많지는 않을 거예요. 교통비가 대체로 비싼데 그중에서도 택시 요금이 굉장히 비싸기 때문이에요. 그런데 저와 가족들이 후쿠오카 공항에서 곧바로 택시를 잡아탈 수 있었던 건, 후쿠오카가 유독 공항에서 접근성이 좋은 도시이기 때문이었어요. 일본의 많은 도시 중 후쿠오카를 여행하기 좋은 곳으로 꼽는 이유이기도 하죠. 공항은 도심 한가운데 위치하기 어렵다 보니 주요 관광지에서 멀리 떨어져 있는 곳이 많아요. 도쿄의 나리타 공항과 오사카의 간사이 공항, 삿포로의 신치토세 공항 등이 그렇습니다. 한국도 서울 관광을 하려면 서울에서 한 시간 거리인 인천 공항으로 들어와야 하는 것처럼요. 보통 공항 직행 버스나 전철, 기차 등을 타고 한 시간쯤 달려 관광지에 도착하죠. 아무리 짐이 많고 무거워도 한 시간 이상 걸리는 거리를 택시로 이동하기엔 일본의 택시 요금이 어마무시하거든요. 그러나 후쿠오카는 도심까지 택시를 타도 길어야 20분 정도 걸리기에 여행객들은 다른 지역에 비해 조금은 부담 없이 택시로 편하게 이동하곤 하죠.

그 덕분에 처음으로 일본어 원어민과 대화할 찬스는 택시 안에서 찾아왔습니다. 내심 기대하던 순간이었죠. 해외여행을 가면, 또 미디어를 통해 어느 정도 현지어를 들어봤다면 괜히 현지인과 대화해보고 싶어지기 마련이잖아요? 그런데 웬걸, 기사님의 얼굴을 보는 순간 입술이 딱 붙어버렸답니다.

"○○호텔로 가주세요." 이 짧은 말도 나오지 않더라고요. 그렇게 사소한 일상 회화는 애니메이션에서 자주 들어보지 못했거든요. 그래서 그냥 수첩에 적은 호텔 주소를 기사님 눈앞에 내미는 것으로 상황 종료. 처음 만나는 원어민과 한마디 대화도 없이 택시는 호텔로 달리기 시작했죠.

중간중간 고등학생 시절 4등급의 일본어라도 떠올리려 애쓰며 기사님에게 말을 걸어보려 했지만 머릿속은 백지상태가 된 것 같았어요. 애타는 제 마음을 모르는 듯 무심한 택시는 어느덧 호텔 앞에 도착했습니다. 처음 만난 원어민과 헤어질 시간이 다가오자, 인사라도 일본어로 하고 말겠다는 의지가 기억을 되살려냈는지 고등학교 시절 일본어 시간마다 외쳤던 표현 하나가 떠올랐어요.

바로 수업이 끝나고 선생님과 학생들이 다 같이 나눈 인사였어요. 일본어 선생님께서는 일본어로 "차렷, 경례"라는 말과 함께 수업을 시작하고, "수고하셨습니다"라는 말과 함께 수업을 마치셨거든요. 선생님의 원칙 덕에 "수고하셨습니다" 한마디가 뇌리에 남아 있었던 모양이에요. 그래서 택시에서 내리면서 기사님께 자신 있게 외쳤습니다.

ご苦労様でした。 [고쿠로-사마데시타]

 이 말을 들은 기사님은 살짝 당황하시더니 호탕하게 웃으며 영어로 "땡큐, 땡큐!"라고 외치셨어요. 기사님이 왜 그런 반응을 보였는지 조금 의아했지만 그때는 '외국인 관광객이 일본어를 쓰려고 노력하는 모습이 귀여워서 그랬나 보다' 하고 넘어갔어요. 하지만 지금 와서 생각해보면… 제가 한 말이 상황과 어울리지 않았습니다.
 일본어에는 '수고했다'라는 표현이 여러 가지 있는데, 제가 기사님께 건넨 회심의 한마디 "고쿠로-사마데시타"는 손윗사람이 손아랫사람에게 사용하는 말이었던 거예요. 말하자면, 직장 상사가 후배에게 쓰는 말이라고 보시면 됩니다. 그러니까 택시 기사님의 딸뻘인 제가 "어이, 거 수고 많았어." 하고 내린 상황인 거예요.
 하아… 건방져….

그럼 그 상황에선 어떻게 말했어야 할까요?

 ありがとうございました。 [아리가토-고자이마시타]

이 표현이 적절한 상황이었던 겁니다. 굳이 "수고하셨습니다"라는 의미의 말을 꼭 쓰고 싶다면 "お疲れ様でした。 [오츠카레사마데시타]"라는 표현도 있지만, 택시에서 내릴 때는 보통 감사하다는 말로 충분해요. 하지만 상황에 따라 어떤 일본어를 써야 하는지는 고등학교 일본어 4등급에 〈명탐정 코난〉 조금 본 제가 알 리 만무했던 거예요.

어쨌든 후쿠오카 가족여행은 무척 즐거웠습니다. 애니메이션에서 보던 풍경과 꼭 닮은 고즈넉한 일본 거리와 료칸, 온천에서 추억을 잔뜩 쌓고 한국으로 돌아왔어요. 하지만 이때까지 할 수 있었던 일본어라곤 상황에 맞지 않는 건방진 "수고 많았어"와 "화장실은 어디입니까?" 두 마디 정도였던 것 같네요.

저와 일본어, 그리고 일본과의 첫 만남은 딱 그 정도였어요. 별로 관심 안 가는 제2 외국어, 자막판 애니메이션, 휴양지 가족여행 한 번. 한가한 시기에 잠시 스쳐 지나가는, 특별할 것 없는 경험이었죠.

그렇게 투 두리스트를 지우며 보내던 꿈 같은 휴식기도 끝나고, 대학생이 되었습니다. 으레 그렇듯 대학에 갓 입학

한 새내기의 앞길에는 아주 파란만장하고 다사다난한 시간들이 기다리고 있기 때문에 그 좋아하던 애니메이션을 볼 여유도 없어졌어요. 앞서 언급했듯 전공마저 일본어와 전혀 관련이 없는 법학이다 보니 말 다 했죠. 조금이나마 알던 히라가나와 가타카나도 거의 읽을 수 없게 되었고, 〈명탐정 코난〉에서 자주 들어 잠시 익숙해졌던 경찰, 범죄 관련 어휘들마저 어느새 다 잊게 됐습니다.

하지만 그땐 알지 못했죠. 몇 년 후 전혀 생각지 못한 사건으로 저와 일본어의 '두 번째 첫 만남'이 이루어지리라는 걸….

일본어와
친해질 준비

일본어를 배우고 싶나요? 어떤 사람에 대해 알고 싶고 가까워지고 싶다면 그 사람에게 호감이 있다는 뜻이겠죠? 언어도 마찬가지라고 생각합니다. 일단 좋아하는 마음이 있어야 가까워질 수 있고, 좋아하는 마음을 유지할 수 있어야 중단하지 않고 계속 익힐 수 있다고 생각해요. 이제부터는 '공부'가 아니라, 가까워진다고 생각했으면 좋겠어요. 일본어와 친해지는 겁니다. 저와 일본어의 첫 만남, 그다지 특별할 것 없는 흔한 이야기였죠? 첫 만남이 재미있고 흥미로웠다면 저도 더 일찍 일본어에 빠져들었을지도 모르겠어요. 하지만 여러분과 일본어의 첫 만남은 더 흥미진진하고 즐겁도록 일본어와 친해질 준비를 해보면 어떨까요? 일본어 교재를 새로 사라는 거냐고요? 전혀 아닙니다! 방법은 다음과 같아요.

평소 자신이 좋아히는 것을 떠올려보세요. 좋아하는 대상이나 취미 활동, 뭐든 상관없습니다. 현실적인 필요에 의해 신경 쓰고 배우는 것이 아니라 그저 좋아하는 것, 여유 시간에 아무 부담 없이 즐기는 것이 무엇인지 한번 돌아보세요. 아이돌, 애니메이션, 만화, 음악, 영화, 캠핑, 요리, 패션, 사진 찍기, 맛집 탐방? 무엇이든 좋습니다. 한 가지 정도는 떠오르는 게 있을 거예요.

거기서부터 시작입니다. '내가 좋아하는 것에 대한 일본어'부터 시작해보는 거예요. 가령 뜨개질을 좋아한다면 이렇게요.

- '뜨개질'은 일본어로 뭘까? '코바늘', '대바늘'은? '털실'은?
- 일본 니터들 사이에서는 어떤 디자인이 유행하고 있을까?
- 일본에서 제일 유명한 뜨개 작가는 누굴까?
- 일본 여행 가서 뜨개 용품을 사려면 어디로 가야 할까?

온라인 한일 사전에서 단어를 검색해보고, 인스타그램에서 일본의 뜨개 계정들을 둘러보세요. 마음에 드는 사진이 있다면 번역기를 돌려 같이 있는 글이 무슨 내용인지도 한번 보시고요. 호기심을 느껴 스스로 찾아본 것들은 더 빨리 익히게 되고 더 오래 기억됩니다. 내가 좋아하는 것에 대해서라면 호기심을 느끼고 찾아보기가 더 쉽겠죠? 일본어를 배우다 보면 어렵거나 관심이 없는 것들도 익혀야 할 때가 옵니다. 하지만 그건 그때 가서 생각할 일이고 지금은 자신의 취향, 좋아하는 것과 일본어를 연관 지어 호기심을 충족해보세요.

그리고 언제든지 일본어로 검색할 수 있도록, 스마트폰에 일본어 키보드를 추가해보세요. 아직 히라가나와 가타카나를 전혀 몰라도 상관없습니다. 일단 추가부터 해보도록 해요. 아이폰은 [설정-일반-키보드]에서 '새로운 키보드 추가'로, 안드로이드는 [설정-일반-언어]에서 '언어 추가'로 일본어 키보드를 추가할 수 있습니다. 스마트폰에서 자판을 바꿀 때 일본어가 보이면 '아, 일본어와 친해지기로 했었지!' 하고 뿌듯해하면서 한 번씩 눌러도 보세요. 평소 쓰는 PC에도 키보드 설정을 해두면 검색할 때 편리하겠죠.

이렇게 소소한 것들로 '일본어와 친해질 준비'를 해두면, 더 빨리 일본어와 가까워질 수 있을 거예요. 어쩌면 여러분의 일본어는 이미 시작되고 있을지도 모릅니다.

2.

집순이는 그렇게 덕후가 되어가고

これからも何だってできる！

코레카라모 난닷테 데키루

이제부디
뭐든지 될 거야!

- 〈하이큐!!〉 중에서 -

자취방을 구했는데요, 갇혔습니다

 대학 생활을 시작한 저는 학교를 무대 삼아 다양한 활동을 했습니다. 입학하고 곧바로 법학부 단과대 학생회에 들어가 1년 동안 임원으로 일했고, 2학년 때부터 대학교 홍보대사가 되어 여러 가지 활동을 했어요. 각종 홍보 책자 제작과 영상 촬영, 입시 설명회 준비를 비롯해 전국 고등학교를 방문하여 입시 설명회 프레젠테이션을 하고, 방학 때면 각지에서 열리는 입학 박람회 참가까지.

 늘 다양한 일정으로 캘린더를 꽉꽉 채운 대학 시절을 보내며, 방학 때도 한가하게 쉰다는 느낌 없이 바쁘게 생활하고 있었어요. 막연히 앞으로 남은 2년의 대학 생활도 비슷하리라 생각했죠. 그렇게 2020년을 맞아 대학교 3학년 개강을 앞두고, 제 인생 첫 자취를 시작하게 되었습니다. 2학년 때까지는 기숙사에 살았기 때문에 난생처음 혼자 살아 보는 것이 얼마나 설레고 기대되었는지 몰라요.

하지만 바로 그때, 저는 물론 그 누구도 피할 수 없는 하나의 흐름이 전 세계를 덮치고 있었습니다. 바로 COVID19, 코로나 감염 사태가 한국에서도 본격적으로 심각해지기 시작한 거예요. 지금은 코로나 이전과 이후가 완전히 다른 세상이라고들 하지만, 사실 그 전에도 감염병이 세계적으로 유행한 적은 많았잖아요? 메르스, 사스 같은 유행병을 경험한 적 있으니 이번에도 "해외에서 전염병 돈다던데?", "아, 그래? 뭐 그러다 말겠지, 설마 여기까지 퍼지겠어." 같은 여론이 대세였고, 저 또한 그간 무섭게 덮치는 듯했지만 어느덧 진압되어 가라앉은 전염병들을 떠올리며 대수롭지 않게 여겼어요. 그렇지만 제가 자취방 계약을 하고 이사까지 끝낸 그 시점에, 기어이 한국에도 코로나가 무서운 속도로 퍼지기 시작했습니다.

그때부터 다들 아시는 '격리의 시대'가 시작되었죠. 저의 파란만장 대학 생활과 자취 생활은 사실상 사형 선고를 받은 것이나 다름없어졌어요. 이제 대학 생활에 익숙해졌고, 대학에서 새롭게 생겨난 인간관계도 정돈되어 본격적으로 취업 준비에만 집중하며 보내면 되겠다고 생각했어요. 그런데 안정적으로 목표에만 몰두하면 되었을 시기가 한 순간에 한 치 앞도 보이지 않는 격리의 시대가 된 겁니다.

그래도 대학에서 학기 자체를 중단할 수는 없는 일. 대학교 수업은 불안정한 서버를 정돈해가며 전면 비대면으로 전환되고 사회적 거리두기, 집합 금지 등 여러 조치들이 시행되는 가운데, 갓 자취를 시작한 저는 본가에도 가지 못한 채 자취방에 홀로 틀어박히게 되었습니다.

빈 캘린더에 돋아나는
덕질의 싹

 인간은 적응의 동물이라더니 어느덧 사람들은 이 상황에 조금씩 적응하기 시작했고, 저 역시 금세 큰 불편함 없이 지내게 되었어요. 일정으로 꽉 찬 캘린더를 자랑하던 저였지만 숨어 있던 집순이 기질이 코로나 덕분에 발현되었나 봐요. 그런데 너무 완전히 적응해버린 탓인지 굉장히 심심해졌다는 게 문제였습니다.

 앞으로 계속 이렇게 살아야 하는지 어떤지 모르는 불투명한 시기였기에 불안감을 느끼는 사람이 많았는데, 어쩐 일인지 저는 크게 걱정되지는 않고 예전의 그 '핑그빛' 시기가 돌아온 것 같기만 했어요. 자유 시간이 너무 많았거든요!

수능이 끝나고 대학이 정해졌던 그때처럼 말이죠. 온라인으로 수업을 듣는 시간 외에 모든 시간이 비어버렸어요. 바빴던 학교 홍보대사 활동도 잠정 중단되었고, 사회적 거리두기와 집합 금지 때문에 아르바이트나 다른 외부 활동도 할 수 없으니 전에는 빼곡했던 캘린더가 텅텅 빈 거죠. 물론 이 시기를 활용해 전공 과목을 복습, 예습한다는 지극히 학생답고 건전한 선택지도 있었겠지요. 하지만 그 선택지는 가볍게 외면했습니다. 건전할지는 몰라도 뭐 그리 매력적인 선택지는 아니니까요. 그렇지 않나요?

극도로 심심한 그 시기에 또 떠오른 것은 역시나 저의 인생작, 〈명탐정 코난〉이었어요. 하지만 〈명탐정 코난〉은 이미 정주행에 재주행까지 했겠다, 시간도 많겠다, 이참에 다른 것도 한번 볼까 싶어졌어요. 그 시절을 주도하던 SNS는 페이스북이었는데 때마침 일본 애니 추천작을 정리한 게시물이 눈에 띄었어요. 예전처럼 일상에 쫓기는 바쁜 시기였다면 그냥 스크롤해 넘겨버렸을 텐데 한가한 시즌이다 보니 이만큼 알차고 고마운 정보가 없더라고요. 일단 게시물에서 소개하는 애니메이션 제목을 좌라락 메모한 후, 바로 그중 한 작품인 〈원펀맨〉을 보기 시작했는데 정말이지 남에게 추천할 가치가 있을 만큼 너무 재밌더라고요.

  이게 바로 저와 일본어의 '두 번째 첫 만남'이었습니다. 코로나라는 뜻하지 않은 사건 덕분에 일본 애니메이션을 다시 만나게 된 거예요. 게다가 이번에는 더 다양한 작품을 섭렵할 조건까지 갖춘 상태로요. 추천 글을 한 번 클릭해서 본 탓인지 알고리즘이 계속 애니 추천 글들을 보여주기 시작했습니다. 그런 글들이 자꾸 같은 작품만 추천해서 급기야는 직접 '애니 추천'이라고 검색해서 새로운 작품을 찾아내는 지경에 이르렀어요. '이건 진짜 명작이다!', '너무 내 스타일이다!' 싶은 작품이 있으면 검색창에 '○○ 같은 애니'라고 검색해서 비슷한 작품을 찾아 장르 탐험을 하기도 했어요. 재밌게 본 애니가 있으면 관련 정보를 찾아보기도 하고 같은 성우가 출연하는 다른 작품을 찾아보기도 하는 등 점점 애니메이션 시청 범위를 넓혀가기 시작했어요. 장르가 어찌나 다양하고 작품 수도 많은지 봐도 봐도 마르지 않는 샘물처럼 계속 새로운 애니들이 등장하는데, 시놉시스만으로도 흥미롭고 재미있어 보이는 작품도 얼마나 많았는지 몰라요.

숨 쉬듯 자연스럽게
덕후의 길로

코로나 시기에 제가 재밌게 본 애니들을 가볍게 몇 개만 꼽아볼게요.

원펀맨 | ワンパンマン

엄청나게 강해서 괴수를 너무 금방 퇴치하는 바람에 오히려 대중에게 알려지지 않은 슈퍼히어로 사이타마의 이야기.

너에게 닿기를 | 君に届け

음산하다는 오해를 받는 사와코가 학교 최고 인기남인 쇼타의 도움으로 어려웠던 학교생활에 점차 적응해나가고, 그 후 싹트는 사랑과 우정 이야기.

오늘부터 신령님 | 神様はじめました

고등학생 나나미는 도박에 빠진 아버지가 실종된 후 노숙자 신세가 되는데, 우연히 빈 신사에서 하룻밤 묵은 후 이 신사의 토지신이 되어 요괴들과 함께 신령으로 살게 된다.

그날 본 꽃의 이름을 우리는 아직 모른다 |

あの日見た花の名前を僕達はまだ知らない

열한 살 여름 사고로 죽은 소녀 멘마가 5년 후 친구 진타 앞에 나타나고, 진타는 멘마의 소원을 이뤄주기 위해 어릴 적 친했던 다섯 명의 친구들을 다시 모은다.

나의 히어로 아카데미아 | 僕のヒーローアカデミア

인류의 8할이 초능력을 가진 시대, 초능력이 없는 주인공 미도리야 이즈쿠는 히어로가 되기 위해 일본 최고의 히어로 학교인 유에이고등학교에서 자신의 능력을 찾아가기 시작한다.

암살교실 | 暗殺教室

지구를 파괴하겠다고 위협하는 외계인이 어째서인지 중학교 선생님이 되겠다고 선언하고, 세계 각국의 수뇌들이 그 반의 30명의 학생들에게 외계인 선생님 암살을 의뢰하게 된다.

진격의 거인 | 進撃の巨人

인류는 식인종 거인들에게 잡아먹혀 멸망할 위기에 처하고, 생존자들이 건설한 피난처에서 이룬 잠깐의 평화가 거인들의 침입으로 깨지자 인류와 거인 사이에 치열한 전쟁이 벌어진다.

옆자리 괴물군 | となりの怪物くん

입학 첫날부터 상급생과 싸우고 정학을 당해 학교에 나오지 않는 옆자리 하루에게 프린트물을 전해주러 간 시즈쿠는 생각지도 않게 하루에게 친구로 인정받고 급기야 고백까지 받게 된다.

하이큐!! | ハイキュー!!

키가 작지만 점프가 뛰어난 쇼요가 고교 배구의 강팀으로 알려진 카라스노고 등학교에 입학한 후, 중학교 시절 자신을 참패시킨 토비오와 한 팀이 되어 선수로 성장해나가는 이야기.

문호 스트레이 독스 | 文豪ストレイドッグス

특수하고 위험한 사건을 해결하는 '무장탐정단'의 이능력자들이 전투를 펼치며 사건을 해결하는 이야기. 이능력자들의 이름 및 캐릭터 설정을 일본 및 세계 문학의 유명한 작가(문호)에게서 따온 것이 특징이다.

당장 생각나는 것들은 이 정도인데, 이 외에도 손에 꼽기 어려울 정도로 많은 애니를 봤어요. 아마 애니 좀 봤다 싶은 분들은 저 애니들을 대충 아시겠죠? 방금 소개한 작품들은 같은 장르가 아니라 제각기 다른 장르의 애니메이션이에요. 이렇게 장르가 다양하고 작품이 많은 건 산업의 규모가 워낙 크고 역사가 오래되었기 때문일 거예요.

세계의 애니메이션 중에서도 일본 애니메이션은 따로 '아니메(anime)'라는 장르로 분류될 정도로 독자적인 영역을 구축한 영상 예술로 알려져 있습니다. 그 근간에는 역시나 따로 '망가(manga)'라고 불리며 특유의 세계를 뽐내는 일본 만화가 자리하고 있죠. 앞에서 소개한 애니들도 대부분 원작 만화가 있어요. 자유로운 만화적 상상력을 애니메이션이라는 방식으로 영상화했을 때 재미와 흡인력이 얼마나 강력한지를, 다양한 애니에 정신없이 빠져들면서 실감했습니다. 액션물, 히어로물, 청소년 성장물, 로맨스물, 판타지물, 초능력물, 스포츠물 등등…. 처음에 보았던 미스터리나 범죄수사물 장르에 국한하지 않고, 정말 손 닿는 대로 나 봤어요.

일본 문화에 대해 잘 모르시는 분도 오타쿠라는 말은 한 번쯤 들어보셨을 거예요. 원래 오타쿠(お宅)는 2인칭 대명사입니다. '댁, 당신' 정도의 뜻인데, 대명사로 쓰이기도 하지만 흔히 어떤 것에 지나치게 열중하는 행동이나 그러한 사람을 가리키는 단어로 쓰여요. 이때는 히라가나 또는 가타카나로 おたく, オタク라고 표기하죠. 일본 만화나 애니메이션의 열광 팬, 마니아를 가리키기도 하고요. 한국 네티즌은 일본어인 '오타쿠'를 한국식으로 '오덕후'라 부르기도 합니다. 보통은 '덕후'라고 줄여서 부르고요. 그리고 덕후들이 자신이 좋아하는 장르를 파고들며 즐기는 행위를 '덕질'이라고 하죠.

저는 한번 재밌다고 느끼면 거기에 완전히 꽂히는 타입이거든요. 애니메이션을 볼 때도 마찬가지였어요. '꽂혔다' 싶으면 정식 방영된 애니메이션 회차뿐 아니라, 해당 작품 제목을 검색해서 나오는 모든 자료와 영상을 찾아보는 게 루틴이에요. 사실 몇 년 전 〈코난〉을 볼 때에도 이런 덕후 기질이 엿보였었는데 코로나 시대에 이 기질은 완전히 꽃피우기 시작했습니다. 그렇게 애니는 물론 검색해서 나오는 관련 콘텐츠들까지 마음껏 섭렵했어요.

방금 앞에서 설명했던 바로 그 행위를 제가 하고 있었죠? 좋아하는 분야를 파고들며 즐기는 행위, '덕질' 말이에요. 네, 저는 그렇게 '덕질'을 즐기는 '덕후'가 되어가고 있었던 겁니다….

나와 친해질
애니메이션
선택하기

애니메이션으로 일본어를 공부하면 현실에서는 쓰지도 못할 말만 배운다고 무시하시는 분들이 있죠. 반은 맞고 반은 틀린 말입니다. 보통 애니메이션은 현실과 동떨어진 이야기만 다룬다고 생각해서 그런 것 같아요. 하지만 일본 애니메이션의 장르는 정말로 다양하며, 영화와 드라마에서 다루는 거의 모든 장르가 포함됩니다. 그러니 어떤 작품을 어떻게 보느냐에 따라 결과는 놀랍게 달라질 수 있다는 겁니다.

애니메이션은 의외로 좋은 어학 자료의 조건을 두루 갖추고 있답니다. 가장 관심 가고 재미있게 볼 수 있는 스토리를 고를 수 있는 데다가, 거의 모든 장면이 특정한 상황 속 인물들의 대화로 구성되죠. 게다가 아나운서나 다름없는 정확한 딕션을 자랑하는 전문 성우들이 목소리 연기를 하니, 초보자의 듣기 자료로서도 상당히 괜찮습니다. 수많은 애니메이션 가운데 내 취향과 수준에 맞는 작품을 잘 고른다면 일본어와 친해지는

데 더없이 큰 도움이 될 겁니다.

　유튜브에서 검색해보면 일부 혹은 전부를 볼 수 있는 작품도 있는데, 오래되고 유명한 작품일수록 세계 각국의 언어로 더빙된 영상이 섞여 있으니 제목을 일본어로 검색하는 걸 추천합니다. 최근에 나온 작품일수록 라프텔, 넷플릭스 등 OTT 플랫폼에서 정식으로 번역된 한글 자막과 일본어 자막을 바꿔가며 볼 수 있으니, 마음에 들었다면 재주행하며 자막을 활용해봅시다.

일본어도 애니메이션도 처음이라면, 이렇게 시작!

어학 공부의 정석은 아니지만 '이렇게 했더니 뜻밖에도 효과가 있었다!'는 경험을 토대로 소개해드리는 저만의 방법이에요. 부담감을 느끼지 않고, 공부라고 생각하지 않고 즐길 수 있는 것을 찾아가는 과정이라 생각하고 시작해보세요. 우선 애니메이션으로 일본어와 친해지는 과정을 크게 몇 단계로 나누어 살펴볼까요?

> **STEP 1**　재밌겠다 싶은 애니를 본다. 자기 취향에 맞는 게 중요!

- STEP 2 기대만큼 재미있었다면 비슷한 애니, 재밌어 보이는 다른 애니 등을 마구잡이로 찾아 본다.
- STEP 3 아무리 봐도 질리지 않을 것 같은 애니메이션 하나를 고른다.
- STEP 4 우리말 자막으로 부담 없이 즐긴다.
- STEP 5 먼저 본 화의 내용을 잊었을 때쯤 처음부터 다시 정주행한다.
- STEP 6 내용이 어느 정도 머릿속에 자리 잡으면 일본어 자막을 켜고 본다.
- STEP 7 자막을 끄고도 한 번 본다.
- STEP 8 이렇게 몇 번 반복해 즐길 수 있는 애니를 또 찾을 때까지 다른 애니들을 섭렵한다.
- STEP 9 찾으면 이 과정을 무한 반복 한다.

초보자에게 추천하는 애니메이션

초보자에게는 아무래도 일본 어린이들이 보는 애니메이션, 일상생활을 담고 있는 애니메이션이 도움이 됩니다. 어린이 대상이라고 해도 공감 가득한 일상적인 스토리이기 때문에 꽤 재미있게 볼 수 있을 거예요. 전문 성우가 천천히 또박또박 말해주는 편이라 성인 대상의 방송보다는 알아듣기 쉽고 일상 회화가 많이 나온다는 장점이 있죠.

아따맘마 | あたしンち

엄마와 아빠, 고등학생 딸과 중학생 아들 4인 가족의 코믹 일상물. 쉽고 현실적인 일상 회화를 익히기 좋고, 일본의 생활 문화를 알 수 있으며 캐릭터의 연령대가 다양하기 때문에 생각보다 다양한 어투를 접할 수 있다.

짱구는 못 말려 | クレヨンしんちゃん

오래전 한국에도 정식 수입 되어 '신짱'이라는 원래 이름보다 번역판 이름인 '짱구'로 한국인에게 친근한 작품. 지금도 새로운 에피소드가 방영되고 있는 장수 애니메이션이다. 각 에피소드가 짧아서 짬이 날 때마다 가볍게 볼 수 있으며 극장판도 여러 편 나와 있으므로 마음에 들었다면 모두 섭렵해보자.

마루코는 아홉 살 | ちびまる子ちゃん

일본의 '국민 애니메이션'이라 불릴 만큼 유명한 작품. 초등학생 마루코의 일상생활이 중심 이야기라 기초적인 일상 회화를 들어볼 수 있어 좋고, 1970년대 배경이라 당시 일본의 생활 문화를 엿보는 재미가 있다.

중급자에게 추천하는 애니메이션과 말문 트는 감상법

중급부터는 자기 취향의 작품뿐 아니라 여러 장르를 두루 보기를 추천해요. 한 장르만 계속 보면 아무래도 상황, 문법, 말투, 어휘들이 비슷하게 한정되는데, 나중에는 자신과 어울리지 않는 말투 남발과 어휘력 부족으로 이어질 수 있어요. 장르에 따라서 너무 거친 말투나 중고딩의 유행어만 익힐 수 있다는 것이죠. 예를 들어 학원 액션물만 계속 보면 나도 모르는 사이 '고딩 남자 일진' 말투를 쓰게 될 수 있으니 조심해야겠죠. 초보자 단계가 쉬운 말을 들으며 귀를 여는 과정이라면, 중급부터는 조금씩 입을 열어본다는 느낌으로 작품을 즐겨보세요. 대략 다음과 같은 과정으로요.

STEP 1   이제껏 본 애니 중 백 번은 더 볼 수 있을 만큼 좋았던 작품을 고른다.

STEP 2   우리말 자막으로 즐긴다.

STEP 3   일본어 자막으로 즐긴다.

STEP 4   자막을 끄고 본다.

STEP 5   입 열 준비를 한다. 재밌어 보이는 대사는 멈춰가며 한 대사씩 따라 한다.

STEP 6   무한 반복 한다.

호리미야 | ホリミヤ

내성적인 소년 미야무라가 학교 인기인인 호리를 만나 사귀게 되는 이야기를 담은 학원 로맨스물. 특이한 말투를 쓰는 캐릭터가 많지 않아 자연스러운 일상 회화를 접할 수 있고, 특히 로맨스물을 좋아한다면 설레는 마음으로 즐길 수 있다.

쿨하고 바보 같은 남자 | クールドジ男子

잘생겼지만 어딘지 바보 같은 행동으로 귀여움을 자아내는 네 명의 남자가 주인공인 일상 코미디물로, 등장인물의 연령대가 다양하다. 대학생, 고등학생, 직장인, 자영업자 등이 여러 상황에서 연령대에 따라 각기 다른 말투를 쓴다. 전체적으로 잔잔하게 흘러가 밥 먹으면서 부담 없이 가볍게 볼 수 있다.

즐겁게 놀아보세 | あそびあそばせ

학교 '놀이 연구회' 멤버인 여고생 세 명을 주축으로 한 학원 개그물. 본격적인 4차원 개그 애니메이션으로, 서사가 진지하고 무거운 작품보다는 가볍게 볼 수 있는 작품을 좋아한다면 추천한다. 다양한 상황에서의 대화와 요즘 일본 학생들이 쓰는 신조어 등을 알기 좋다.

야마다 군과 레벨 999의 사랑을 하다 | 山田くんとLv999の恋をする

온라인 게임에서 만난 연상연하 커플의 로맨스. 남자 주인공은 고등학생, 여자 주인공은 대학생으로 연령대에 맞는 보편적인 일상 회화를 들을 수 있다. 온라인 게임이 작품의 배경이 되기 때문에 게임 관련 어휘도 다양하게 접할 수 있다.

스킵과 로퍼 | スキップとローファー

명문 고등학교로 진학하며 시골에서 도쿄로 상경한 미츠미와 속내를 숨기는 미남 소스케를 중심으로 다양한 인물의 드라마가 펼쳐지는 학원물이다. 개성적이고 입체적인 인물들과 섬세한 심리 묘사가 유명한 작품으로, 사춘기 학생들의 현실적인 일상 회화를 엿볼 수 있다.

새로운 상사는 귀여운 허당 | 新しい上司はど天然

회사에서 괴롭힘을 당해 이직한 주인공의 새로운 상사가 뜻밖의 웃긴 행동으로 힐링을 책임진다는 일상 코미디물. 직장 생활이 배경이므로 회사에서 쓰는 다양한 표현을 접할 수 있다. 실용적인 비즈니스 회화가 많고 직장인 힐링물이기 때문에 특히 직장 생활에 지친 사람에게 추천한다.

조금 더 수준 있는 일본어 회화를 익히고 싶다면

기본적인 회화를 떠나 조금 더 현실에 가까운 회화를 원하는 분께 추천하는 작품들이에요. 이 수준쯤 왔다면 일본 드라마를 '찍먹'해보는 것도 추천드려요. 드라마에는 애니보다 더 현실적인 회화가 나오고 다양한 형태의 경어도 들을 수 있어 수준을 한 단계 업그레이드할 수 있습니다. 일본 드라마도 몇 편 추천해드릴게요.

사사키와 피짱 | 佐々木とピーちゃん

중년 직장인 사사키는 펫숍에서 문조를 한 마리 사는데 이 문조는 사실 이세계 현자의 환생으로, 사사키와 문조 피짱이 현대와 이세계를 오가며 살게 되는 이야기. 비즈니스 회화가 주로 나오는데, 이세계에 가서도 이세계풍 말투보다는 현대 말투 그대로 거래하고 생활한다. 판타지풍 스토리를 즐기는 동시에 일본 비즈니스 경어체를 접할 수 있다는 장점이 있다.

오타쿠에게 사랑은 어려워 | オタクに恋は難しい

동인녀인 여자 주인공과 게임 오타쿠인 남자 주인공의 일상 로맨스물. 일본 애니메이션, 만화, 게임 등 서브컬처를 주로 다루는 작품이라 일상 회화뿐 아니라 게임이나 덕질에서 사용되는 속어 등을 알 수 있다. 말하는 속도가 조금 빠르긴 하지만 그만큼 실제에 가까운 회화 템포를 느낄 수 있다. 일본어 교재에서는 보기 어려운 채팅 줄임말이 많이 나오는 것도 재미있는 포인트.

사이키 쿠스오의 재난 | 斉木楠雄のΨ難

여러 가지 초능력을 지녔지만 이를 숨기고 평범하게 살아가고 싶은 고등학생 사이키의 좌충우돌 학교생활. 코믹한 일상물이라 호불호 없이 밥 먹으며 가볍게 보기 좋다. 주인공의 말투가 좀 특이하지만 다양한 어휘를 사용하고, 전체적으로 대사 템포가 빨라 실제 일본어 회화 속도를 간접적으로 경험할 수 있다.

언내추럴 | アンナチュラル

부자연사 규명 연구소(UDI, Unnatural Death Investigation)라는 가상의 연구소를 배경으로 펼쳐지는 법의학자들의 활약과 일상. 부검을 통해 피해자의 사인을 밝히고 사건의 진상을 규명하는 수사 드라마로, 의학 및 수사와 관련된 단어가 다양하게 나오고 수준 높은 표현을 접할 수 있다.

수수하지만 굉장해! 교열걸 코노 에츠코 | 地味にスゴイ!校閲ガール・河野悦子

출판사 교열부에서 일어나는 일들을 다룬 드라마. 교열이라는 소재 특성상 일본어 자체에 대한 내용도 많아 일본어 공부에 직접적으로 도움이 된다. 다양한 분야의 도서 교열에 대한 이야기가 나오기 때문에 이 드라마 하나만으로도 여러 주제의 어휘를 접할 수 있다.

미스터리라 하지 말지어다 | ミステリと言う勿かれ

심리학을 전공하는 대학생이 사건을 해결해가는 추리 드라마. 에피소드 형식으로 각 화마다 다른 사건이 나오기 때문에 자연히 다양한 어휘가 등장한다. 추리물 특성상 대사도 많아 다양한 단어를 풍부하게 접할 수 있다.

3.

덕질에 스며들기?
어렵지 않아요

心を燃やせ。

코코로 모야세

마음을
불태워라.

- 〈귀멸의 칼날〉 중에서 -

저는 보통 이렇게
덕질합니다

'어떻게 애니를 그렇게 많이 볼 수 있을까?'

덕질과는 거리가 먼 삶을 살아온 분이라면, 어떤 작품에 온 마음을 다해 빠져드는 것 자체가 낯설게 느껴지실 수도 있어요. 그렇다면 덕후란 어떤 과정으로 덕질하는지 맛보기로 느껴보실 수 있도록, 제가 〈하이큐!!〉라는 애니를 덕질한 과정을 같이 보실까요?

〈하이큐!!〉는 배구 선수들이 주인공인 스포츠 애니메이션이에요. 오랫동안 애니메이션 덕후들의 추천 목록에서 빠지지 않는 작품이고, 제가 애니를 그렇게까지 좋아하지 않던 때에도 〈하이큐!!〉라는 제목은 들어봤을 정도니 정말 유명한 작품이라고 할 수 있죠.

하지만 저는 스포츠물에는 별 흥미를 못 느꼈어요. 전개가 너무 뻔한 느낌이랄까요. 어쨌든 스포츠가 주제라면, 약한 주인공 팀이 강한 상대 팀을 만나 전전긍긍하지만 결국엔 피나는 노력으로 어떻게든 이겨내는 이야기잖아요? 그런 스포츠물 특유의 클리셰 속에서 피나게 노력하는 주인공을 보면 너무 지치는 기분이 들더라고요. 또 작품 속에 나오는 스포츠의 규칙을 잘 모르는데 그걸 일부러 익히면서까지 따라가야 하나 싶기도 했고요. 그래서 그 많은 애니를 섭렵하는 중에도 스포츠물만은 피하고 있었어요.

그런데 밤낮으로 애니를 보다 보니 더 이상 볼 작품이 없기도 했고, 어떤 애니 추천 글과 영상을 봐도 〈하이큐!!〉가 빠지지 않길래 '도대체 얼마나 재밌길래 그러는데?' 하는 호기심도 들었죠. 결국에는 '그래, 한 번 봐주지'라는 가벼운 마음으로 보기 시작했어요. 아니나 다를까, 초반부터 눈에 띄는 스포츠물 특유의 전개에 '역시, 그럼 그렇지' 하며 살짝 흥미를 잃었어요. 그런데 '이게 대체 왜 인기가 있는 거야?'라는 생각은 차츰 이렇게 바뀌어갔어요.

'어라… 왠지 눈을 뗄 수가 없네?'

바로 작화 때문이었어요. 공을 던지고, 쳐내고, 달리고, 점프하는 움직임들이 너무나 현실적으로 묘사된 데다 그림 자체가 멋지기까지 해서 저절로 몰입하게 된 거예요. 어느덧 이 다음엔 어떤 장면을 보여줄지 기대하고 있었죠. 문득 정신을 차려보니 잔뜩 긴장한 채 주인공 팀의 득점과 실점 하나하나에 일희일비하고 있었어요.

이 긴장감이 손에 땀을 쥐게 하는 정도를 넘어 부담스러울 지경이라, 이 시점에서 '아, 역시 스포츠물은 너무 기 빨려' 하며 일단 영상을 끕니다. 부담없고 재밌는 다른 애니를 보면서 빼앗긴 에너지를 다시 채워 넣으려 애써봅니다. 하지만 다른 애니를 보는 중에도 문득문득 〈하이큐!!〉 속 경기의 다음 전개가 궁금해져요. '그래서 누가 이겼을까?', '쟤는 어떤 서사가 있길래 저런 행동을 하지?' 같은 궁금증이 점점 머릿속을 채워갑니다.

어느덧 〈하이큐!!〉에 스며들어버린 거예요.

꽂히면 발동되는
자동 덕질 프로세스

 이렇게 돼버렸으니, 이제 남은 것은 가열한 정주행뿐. 결국 나와 있는 모든 시즌을 달립니다. 저는 당연히 〈하이큐!!〉가 완결이 난 애니인 줄 알았어요. 오래전부터 회자되던 작품이기도 하고 스포츠물이니 은연중에 원작이 그렇게 길지 않을 거라 생각했나 봐요. 그런데 아직 완결되지 않았고 그 당시엔 원작 만화조차도 미완결 상태였어요.

 아직 제일 좋아하는 캐릭터도 정하지 못했는데 애니로 나온 부분은 이것뿐이라니…. '최애'라고 하죠? 한 작품이나 단체 속에서 가장 애착이 가고 응원하게 되는 한 명. 애니메이션을 보면 은연중에 응원하는 캐릭터가 한 명씩 생기기 마련이죠. 저의 최애 취향을 잠깐 설명해보자면, 전형적인 '주인공'을 좋아하는 타입은 아니에요. 서툴지만 열심히 노력해 멋지게 성장하는 캐릭터보다는 어딘가 비뚤어져 있더라도 독특하고 천재적인 캐릭터를 좋아해요. 예를 들어 〈원펀맨〉이라는 액션물의 주인공으로 '단 한 번의 주먹질로 모든 적을 쓰러트리는' 슈퍼히어로 사이타마 같은 캐릭터가 딱 제 취향이라고 할 수 있죠. 그래서 저는 전형적인 일본 애니메이션 특유의 '햇살 같은' 성장형 캐릭터들에게는 크게 마음이 끌리지 않았어요.

그런데 〈하이큐!!〉는 좀 독특했어요. 스포츠 애니의 특성상 등장인물이 많음에도 불구하고 누구 하나가 특별히 더 좋다는 느낌이 들지 않았어요. 이런 경험은 처음이었어요. 왜 그럴까 생각해보니 '하이큐'라는 애니 속 배구 경기의 몰입도 때문이었던 것 같아요. 실제 배구 올림픽 경기라도 보듯 주인공 팀에 몰입하며 보니까 자연스럽게 팀 모두를 응원하게 되더라고요. 또 주인공 한 명에게만 서사를 몰아주는 게 아니라 캐릭터 한 명 한 명 모두에게, 심지어 잠깐 스쳐 지나가는 패배 팀 멤버에게까지 그럴싸한 서사를 쥐여줬거든요. 그러니 밉상인 조연이라도 '그래, 너도 그런 사정

이 있었구나…' 하게 되고, 어쩐지 열 손가락 깨물어 안 아픈 손가락 없는 엄마가 된 기분까지 느꼈달까요?

그렇지만 애니 덕질에 굿즈 섭렵은 필수이므로 주력으로 구매할 멤버를 정하긴 해야 합니다. 이런, 어쩔 수 없지. 원작을 보고 저의 최애를 결정해야겠네요. 그렇게 만화 카페를 방문해 나와 있는 원작 만화책을 정주행합니다. 말도 안 되는 스토리가 전개되고 있었어요.

"작가가 천재인가?"

한 페이지 한 페이지 넘길 때마다 이 말만 나올 정도예요. 그때는 아직 완결 전이었지만, 총 45권으로 완결되는 방대한 분량 속에 많은 서사가 쌓이고 쌓이며 캐릭터들이 더욱 입체적으로 변해가요. 완결에 가까워질 때쯤 겨우 최애라 할 만한 멤버를 정했어요. 주인공의 학교와 오랜 숙명의 라이벌인 학교에서 세터를 맡고 있는 '켄마'라는 인물인데, 무기력하지만 천재적인 두뇌를 가지고 있다고 묘사돼요. 그런 부분이 제 취향을 저격하네요.

이렇게 숨 돌릴 틈도 없이 원작까지 읽고 나니 〈하이큐!!〉가 너무 좋아서 깊이 빠져 있느라 일상생활이 어려워질 지경까지 왔네요. 이 정도면 할 만큼 했다고 생각하실 수도 있겠지만 모르시는 말씀. 본격적인 덕후의 길은 지금부터가 시작입니다. 덕후가 덕질하는 행동을 보통 '판다'고도 표현하죠. 마음에 든 작품이 있다면 보고 또 봅니다. 검색해서 나온 다양한 관련 정보도 빠짐없이 섭렵합니다. 그리고 새로운 정보나 콘텐츠가 또 없나 검색을 반복하죠. 마치 우물을 파서 나온 물을 마시듯이요. 이렇게 작품을 '파는' 과정은 다른 새로운 작품을 만나면 루틴처럼 반복됩니다. 말하자면 '덕질 프로세스'라고나 할까요.

관련 콘텐츠로
깊어지는 덕질의 맛

자, 이렇게 〈하이큐!!〉 덕질 프로세스가 궤도에 올랐습니다! 원작과 각색된 애니 전체를 섭렵했고 최애라 할 캐릭터도 정했으니 이 경험을 토대로 작품을 더욱 만끽하기 시작해요. 정주행 한 번쯤 더 할 수도 있죠. 왠지 기억에 남았거나 다시 보고 싶은 에피소드를 중심으로 몇 회차쯤 다시 보기도 합니다. 어떤 회차의 명장면이 다시 보고 싶어서 유튜브에 검색도 해봐요. 그 명장면만 잘라 올려놓은 짧은 클립을 쉽게 찾을 수 있죠. 그리고 알고리즘이 그 아래에 해당 클립과 연관된 영상을 주르륵 띄워줍니다. 공식 영상은 물론이고 팬들이 만든 영상까지. 이것이 바로 저를 확실한 덕후의 길로 이끈 '관련 콘텐츠'의 맛이랍니다.

유튜브에서 애니메이션이나 영화를 검색하면 작품 일부를 볼 수 있기도 하지만, 이 작품을 먼저 '판' 사람들이 올려놓은 콘텐츠나 작품 제작사에서 공개한 추가 정보를 담은 콘텐츠도 굉장히 많아요.

평범하게는 자신의 감상을 정리한 영상부터 핵심 줄거리만 뽑은 다이제스트 콘텐츠, 작품의 플롯과 연출을 분석하거나 이면의 상징을 해석하는 상당히 비평가다운 콘텐츠도 있고, 애니 주제곡으로 만든 팬무비나 챌린지도 보는 재미가 쏠쏠하죠. 유튜브를 벗어나면 그 애니에 대한 만화, 그림 등의 팬아트와 팬픽션을 검색으로 찾을 수 있고요.

이렇게 많고 많은 관련 콘텐츠 중 저를 특별히 사로잡은 콘텐츠가 있었어요. 바로 '성우 라디오'였답니다. 애니메이션 작품에 목소리로 출연한 주연 성우들이 진행하는, 애니의 뒷이야기를 담은 방송이에요. 유튜브에 [애니 제목+라디오]로 검색하면 친절하게도 한국어 자막까지 달아둔 영상이 여러 개 뜰 겁니다. 처음엔 "아, 애니메이션이니까 성우들이 이런 방송을 할 수도 있겠구나" 하며 가볍게 클릭했는데 이게 생각보다 재밌더라고요.

'라디오' 하면 떠오르는 이미지를 생각하면 살짝은 잔잔하게 교양 같은 것을 전달하는 내용일 것 같은데, 성우 라디오는 전혀 그렇지 않았어요. 진행 방식도 분위기도 천차만별, 너무나 다양하고 흥미로운 방송이랍니다. 일본의 성우 업계가 굉장히 크고 문화 수준도 대단하다는 걸 처음으로 실감하게 되는 순간이었죠. 일본에서는 연예인에 버금가는 인기를 얻는 성우가 많은데, 특정 성우의 팬이라 그 성우가 연기한 애니메이션을 꼭 챙겨 보는 사람들도 있죠. 그 당시의 저는 그 정도는 아니라 성우에게 큰 관심이 있지는 않았지만 그럼에도 성우 라디오를 보게 된 이유는 '애니메이션의 뒷이야기를 다룬다'는 점 때문이었어요. 애니메이션을 워낙 재밌게 봤기 때문에 관련 라디오까지 찾아온 터라, 본 애니메이션의 에피소드만으로는 충족되지 않는 갈증이 해소되는 기분이었어요.

성우 라디오는 애니메이션에서 주연을 맡은 성우 한두 명이 나와 진행하는 형태가 보편적이에요. 어느 정도 회차가 쌓이면 다른 캐릭터를 맡은 성우들을 게스트로 초정해 이야기를 나누는 형식이 많은 것 같더라고요.

애니 라디오라고 해서 성우들이 애니 속 인물의 목소리나 말투를 재연하는 것이 아니라 성우 본인의 목소리와 말투로 진행한다는 점도 마음에 들었어요. 상당히 '선을 잘 그었다'라는 인상을 받았달까요. 애니메이션 캐릭터의 목소리와 말투였으면 그냥 애니의 연장선이었을 텐데, 실제 '관계자'의 입장과 시각에서 현장 분위기를 설명하고 캐릭터와 사건을 다뤄주는 게 또 다른 매력으로 다가왔어요.

주로 이 캐릭터를 맡게 된 이유나 오디션 발탁 에피소드, 캐릭터들끼리의 관계성과 실제 성우들 간의 관계, 녹음 중 있었던 에피소드 등에 대해 이야기를 나눠요. 그리고 애니메이션의 특성과 스토리를 담은 퀴즈나 질문, 사연 소개처럼 시청자가 참여할 수 있는 코너가 있고요. 이렇게 다양한 구성으로 진행되는 라디오가 애니메이션과는 또 다른 매력이 있어 자연스럽게 전부 다 찾아서 보게 되더라고요.

몇몇 성우에게는 특별히 매력을 느껴서 고정 팬이 되기도 했는데, 다름 아닌 〈하이큐!!〉의 주연 성우였어요. 〈하이큐!!〉는 두 명의 주인공을 중심으로 전개되는 스토리라 라디오도 이들 캐릭터를 맡은 성우 둘이서 진행하는데 둘의 티키타카와 케미, 개그 코드가 저와 너무 잘 맞아서 재밌게 보게 되었죠. 한참 듣다가 굉장히 놀란 일도 있었고요. 무슨 일인가 하니, 〈하이큐!!〉의 주인공인 히나타 쇼요의 성우 무라세 아유무가 라디오에서 들려준 원래 목소리는 애니에서 듣던 목소리보다 더 가늘고 높았어요. 저는 이 성우가 여성이라고 생각했는데 아니었던 거예요. 그때는 정말 너무 충격적이었네요. '아니 대체 목소리가 몇 개야? 성별이 몇 개야?' 싶을 정도의 성우를 그때 처음 봤달까요. 그래서 유튜브에서 무라세 아유무의 다른 캐릭터 연기도 찾아보며 또 놀라기를 반복했어요.

또 다른 주인공인 카게야마 토비오를 연기하는 이시카와 카이토 성우도 재치 있는 입담이 매력적이라 자연스럽게 그 성우가 진행하는 다른 라디오를 찾아서 보기도 하고, 출연한 다른 애니메이션을 찾아보고, 개인 유튜브 채널도 있길래 그것도 정주행하는 등 어느덧 '성우 덕질'이라는 새로운 영역을 개척하게 되었죠. 성우를 통해 새로운 애니를 접하게 되는 식으로 확장되기도 했고요.

덕질 과정을 상세히 서술하고 있자니 떠오르는 명대사가 하나 있어요.

心を燃やせ。 [코코로오 모야세]

마음을 불태우라는 뜻이에요. 〈귀멸의 칼날〉 극장판의 캐치프레이즈로도 쓰인 대사인데, 작품 속에서 들었을 때는 자기 앞에 닥친 삶을 온 마음을 다해 열정적으로 헤쳐나가는 모습이 그대로 드러나는 느낌에 가슴이 뭉클했어요. 무언가 하려 한다면 열정을 가지고 임하자는 생각을 할 때 어쩐지 떠올리게 되는 대사인데, 새롭게 덕질을 시작할 때도 '마음을 불태우고 있구나' 싶어 은근 뿌듯해지기도 한답니다.

알고리즘이 제시한
다음 덕질 스텝은?

   그다음으로 또 다른 일본어 콘텐츠가 저를 사로잡기 시작했어요. 바로 음악! 애니메이션 하면 음악을 빼놓을 수 없죠. 요즘 '애니메이션 음악'이라고 하면 보통은 디즈니 애니메이션에 나오는 뮤지컬 넘버 스타일의 노래들을 떠올리게 되는 것 같아요. 한국에서는 '만화 주제곡'이라고 하면 아직까지도 90년대 이전에 나온 조금은 동요 같은 주제곡들을 떠올리게 되는 것도 사실이에요. 일본은 또 좀 다르더라고요. 현재 일본 가요계에서 가장 인기 있는 아이돌이나 가수가 애니메이션 주제곡을 부르는 경우가 많고, 나아가 애니메이션 음악만으로 아이돌이 되는 가수도 있을 정도예요.

애니 주제곡이라도 음악 스타일은 일반 J-POP과 크게 다르지 않은 느낌이고요.

매 회차마다 흘러나오는 오프닝곡이나 엔딩곡이 귀에 감기기 시작하니 이 곡을 부른 가수가 누군지, 다른 곡들은 어떤지도 궁금해졌어요. 특히 〈하이큐!!〉 1기 오프닝곡인 스파이에어의 〈이매지네이션〉, 그리고 〈문호 스트레이 독스〉 엔딩곡인 럭 라이프의 〈이름을 부를게〉와 〈Lily〉는 듣는 순간 감전된 듯한 느낌이었어요. 애니의 전개 중 '여기다!!' 싶은 적재적소에 삽입된 음악과 애니의 스토리를 담은 가사는 듣자마자 벅차오르는 감정을 안겨줬어요. 그 곡들을 찾아 듣고 나면 알고리즘으로 다른 J-POP도 뜨기 시작하고요. 호기심에 들어보니 K-POP과는 또 다른 결의 감성이 느껴져 좋더라고요.

그래서 설거지할 때, 청소할 때, 샤워할 때 등등 애니메이션이나 성우 라디오 영상을 보지 않을 때는 늘 J-POP을 들었어요. 'J-POP만 들어야지!' 결심하고 찾아 들은 게 아니라 몇 곡 듣다 보니 랜덤으로 다른 J-POP이 떠서 그냥 저절로 듣게 되었다고 말하는 편이 정확할지도 모르겠네요. 그러다 그 당시 일본에서는 물론 국제적으로도 붐을 일으키던

히트곡, 요네즈 켄시의 〈Lemon〉을 듣게 됐어요. 첫 소절을 들었을 때, 말 그대로 전율이었어요. 온몸에 소름이 돋을 정도로 너무 좋아서 한동안 이 곡만 무한 반복 할 정도였죠.

여기서도 앞에서 설명한 덕질 프로세스가 발동해 정보를 수집하기 시작했어요. 알아보니 〈Lemon〉은 〈언내추럴〉이라는 드라마의 주제가였다고 하네요. 어떤 드라마인지 보니 웬걸, 저의 '본진 장르'라 할 수 있는 수사물 아니겠어요? 일본에서는 물론 일드를 보는 한국 시청자들도 입을 모아 명작이라고 칭송하는 드라마였는데, 댓글을 보면 하나같이 이 노래가 드라마와 너무 잘 어울리고, 특히 "가사가 드라마 그 자체다"라는 댓글을 보고는 드라마를 안 볼 수가 없게 됐어요. 부검을 통해 피해자의 사연을 밝히는 법의학 수사물인데 독특한 주제에 내용도 흥미진진했고, 한국 드라마와는 구성과 전개 방식이 사뭇 달라 신선함을 느끼며 빠져들었답니다. 주인공을 맡은 배우 이시하라 사토미의 매력에 완전히 빠져 그 배우가 나온 드라마를 다 찾아서 정주행하는 지경에까지 이르렀죠.

이 작품에서 저 작품으로, 애니에서 J-POP으로, 게다가 드라마까지, 덕질의 영역은 점점 넓어졌습니다. 어느덧 이런 상황이 되어 있더라고요.

대화 나눌 사람이 없는 나 혼자만의 공간에서, 듣는 언어는 일본어밖에 없는 상황.

아침에 일어나서 자기 전까지 계속 일본어를 듣고 있었던 거죠. 네, 하루 종일 일본어만 접하는 일상이 완성된 거예요.

J-POP으로
일본어 감성
즐기기

J-POP을 잔뜩 듣는 것'만'으로 당장 귀가 트이기는 어려울 수 있어요. 들을 때 주의해야 할 점도 있습니다. 노랫말은 멜로디에 맞춰야 하기 때문에 한 소절에 한 문장이 완성되지 않고 끊겨서 뒷 소절로 넘어가는 경우도 있어요. 일본어 특유의 장음을 파악하기 어렵기도 하죠. 그리고 노랫말에 쓰이는 어휘는 회화에 쓰이는 일상 표현과는 거리가 있어요. 어휘나 표현이 더 예술적이거나 문학적인 편이니까요.

그렇지만 바로 그 점이 장점이 되기도 합니다. 일상 회화에서 듣기 어려운 다양한 단어를 알게 되고, 일본어라는 언어의 예술성과 감성을 맛볼 수도 있어요. 그리고 같은 내용이라도 리듬과 멜로디에 붙어 있으면 기억에 훨씬 잘 남잖아요? 노래로 외우면 어휘를 오랫동안 기억하는 데 큰 도움이 됩니다. 뭐니 뭐니 해도 발음을 알기에는 노래 듣기만 한 게 없어요!

자신만의 '일본어랑 친해지기 J-POP 플리'를 만들어보면 어떨까요? 아래처럼요.

- STEP 1) 유튜브 등에 J-POP 플레이리스트를 검색한다.
- STEP 2) 좋아하는 장르를 모아놓은 플리에서 마음에 드는 곡을 골라 나만의 플리를 만든다.
- STEP 3) 귀에 감기는 노래를 마음껏 즐긴다.
- STEP 4) 그 노래의 가사와 번역을 검색한다.
- STEP 5) 가사를 보면서 음악을 다시 들어본다.
- STEP 6) 가사대로 소리 내어 노래를 따라 불러본다.
- STEP 7) 부르기가 어렵다면 '가사 발음'이라고 검색해 한글로 적힌 발음을 보며 따라 부른다.
- STEP 8) 처음 봤거나 어떻게 활용되는지 궁금한 단어가 있으면 따로 메모해두거나 기억해두는 식으로 뇌 속 단어장을 채워간다.

이러면 '이 단어가 이 발음이구나!'라는 게 자연스럽게 뇌에 박히게 돼요. 제가 개인적으로 추천하는 J-POP을 소개합니다. 분위기별로 나눠둘 테니 한 번씩 꼭 들어보세요. 완전 추천하는 곡만 모았으니까 꼭이요!

호불호 없이 듣기 좋은 노래

Lemon | 米津玄師(요네즈 켄시)

夜に駆ける(밤을 달리다) | YOASOBI

Pretender | Official髭男dism(오피셜히게단디즘)

I LOVE… | Official髭男dism(오피셜히게단디즘)

君はロックを聴かない(너는 록을 듣지 않아) | あいみょん(아이몽)

Marigold | あいみょん(아이몽)

ただ君に晴れ(그저 네게 맑아라) | ヨルシカ(요루시카)

だから僕は音楽をやめた(그래서 나는 음악을 그만두었다) | ヨルシカ(요루시카)

ドライフラワー(드라이플라워) | 優里(유우리)

ベテルギウス(베텔게우스) | 優里(유우리)

드라이브 때 듣기 좋은 산뜻한 노래

青と夏(푸름과 여름) | Mrs. GREEN APPLE

ライラック(라일락) | Mrs. GREEN APPLE

Mela! | 緑黄色社会(녹황색사회)

Fiction | sumika

恋(연애) | 星野源(호시노 겐)

もう少しだけ(조금만 더) | YOASOBI

새벽에 듣기 좋은 감성적인 노래

a.m.3:21 | yama

春を告げる(봄을 고하다) | yama

レオ(레오) | 優里(유우리)

ねむるまち(잠드는 거리) | くじら(쿠지라)

踊り子(무희) | Vaundy

Seafloor | Yoin

寄り酔い(취기) | Wanuka

スパークル(스파클) | 幾田りら(이쿠타 리라)

도파민 터지는 신나는 노래

KICK BACK | 米津玄師(요네즈 켄시)

シュガーソングとビターステップ(슈가송과 비터스텝) | UNISON

SQUARE GARDEN

Dance Hall | Mrs. GREEN APPLE

Mixed Nuts | Official髭男dism(오피셜히게단디즘)

怪獣の花唄(괴수의 꽃노래) | Vaundy

アイドル(아이돌) | YOASOBI

ハルカ(하루카) | YOASOBI

운동할 때 듣기 좋은 벅찬 노래

Cry Baby | Official髭男dism(오피셜히게단디즘)

Inferno | Mrs. GREEN APPLE

イマジネーション(이매지네이션) | SPYAIR

サムライハート(사무라이 하트) | SPYAIR

オレンジ(오렌지) | SPYAIR

紅蓮華(홍련화) | LiSA

光あれ(빛이 있으리) | BURNOUT SYNDROMES

Phoenix | BURNOUT SYNDROMES

▼센님 추천 플레이리스트 바로 듣기 ♬

4.

애니만 봤는데
귀가 트였다니까요

真実はいつも一つ。

신지츠와 이츠모 히토츠

진실은
언제나 하나.

- 〈명탐정 코난〉 중에서 -

듣는 귀를 살짝 깨워준
자막의 힘

　애니메이션 덕질에 푹 빠져 있는 동안 제 언어 생활에 한 가지 변화가 생겼어요. 바로 한국어보다 일본어를 더 많이 '듣게' 된 거예요. 해당 언어를 쓰는 나라에 가서 생활하는 게 언어를 가장 빨리 습득하는 길이라고 하죠? 그 언어가 아니면 말이 통하지 않으니까 어쩔 수 없이 항상 그 언어로만 말해야 하니 당연히 실력이 늘 수밖에요. 하지만 외국어를 배우고 싶다고 당장 외국에 가서 생활할 수 있는 사람이 몇이나 될까요? 외국에서 생활하지 않고도 단기간에 외국어를 익힌 사람들이 털어놓는 비결 중에는 공통적인 노하우가 하나 있습니다. 바로 배우려는 언어를 과하다 싶을 정도로 많이 듣는 것. '듣기'에 완전히 몰입하는 거예요. 예를 들어 영어를 배운다면 마치 미국이나 영국에 사는 것처럼, 한국어보다 영어로 된 방송을 훨씬 많이 보고 들으면서 자신을 영어에 '노출'시켰다고 하죠.

당장 외국어로 많이 대화하기는 어려운 상황이니 그보다는 쉽게 시도할 수 있는 듣기를 통해 새로운 외국어와 최대한 접촉하는 방법으로 효과를 보는 거죠. 이 방법은 아기가 처음 모국어를 배울 때와 비슷한 상황을 만들어준다고 합니다. 아기는 말은 못 하지만 일단 가족들의 말이나 방송에서 나오는 말을 듣고 또 듣잖아요. 들은 말을 조금씩 따라 하고 남과 소통하면서 모국어를 습득하는 거고요.

그런데 코로나 때문에 우연히 제게 이런 상황이 만들어진 거예요. 덕질을 통해서 갑자기 일본어에 오랫동안 노출된 거죠. 물론 제가 의도한 바는 아니었고, 당시엔 한국어보다 일본어를 많이 듣고 있다는 의식조차 없었지만요. 그런데도 하루하루를 충실하게 덕질로 채우다 보니 문득 느껴지는 것이 있었어요. 이는 순간부터 애니를 볼 때 몇몇 단어가 이상할 정도로 귀에 쏙쏙 들어오기 시작했던 거예요. 히라가나 정도만 외웠던 4등급짜리 고등학교 일본어도 다 까먹은 데다, 대학에 입학한 후 일본어를 다시 배우려는 노력은 전혀 하지 않은 상태였어요. 애초에 애니를 본 것도 일본어를 배우려는 목적이 아니라 그냥 보고 싶어서 보기 시작한 거라, 당연히 한국어 자막을 켜고 편안하게 감상했죠.

그런데 뜻밖에도 그냥 눈으로 한글 자막을 읽는 것이 일본어 듣는 귀를 살짝 깨워줬다고나 할까요. 어떻게 그럴 수 있었을까요? 한글 자막을 읽는 건 그냥 한국어 활동이고, 일본어는 거의 잊어버린 상태였는데 말이에요.

이유를 곰곰이 생각해보니 이런 원리였던 것 같아요. 영상에서 자막은 한국어고, 음성은 일본어죠. 저는 한국어 원어민이니 당연히 한국어 자막을 눈으로 보고 이해하는 속도가 일본어 음성을 듣고 이해하는 속도보다 월등히 빠를 수밖에 없어요. 그러니까 보는 즉시 이해할 수 있는 한국어 자막을 먼저 읽은 후 이어서 자막과 의미가 똑같은 일본어 음성을 듣게 된 거예요. 보통 외국어를 공부할 때 우선 외국어 문장을 말하거나 들은 다음, 그걸 한국어로 번역해서 이해하는 과정을 거치잖아요. 즉 '외국어로 듣고, 한국어로 이해하기'를 반복해요. 그런데 저는 애니를 보면서 그걸 반대로 했던 거예요. '한국어로 이해하고, 외국어로 듣기'를 반복한 거죠. 내용 이해와 듣기가 거의 동시에 이루어지는 상황에서요. 의미를 모른 채 듣기만 하면 언어가 아니라 소리로 들릴 뿐인데, 먼저 자막으로 의미를 알고 거기에 조금이나마 들리는 소리를 대입해볼 수 있었기 때문에 듣기 몰입의 효과가 나타난 것 같아요.

관건은 일본어와
한국어의 공통분모

 이렇게 순서는 거꾸로였지만, 워낙 많은 애니를 집중적으로 봤더니 제법 효과가 있었던 모양이에요. 이 과정을 반복하니 몇몇 단어들은 일본어로 뭐라고 하는지 확실히 알게 되더라고요. 자막에서 자주 보는 단어들을 먼저 일본어로 떠올릴 수 있는 순간이 온 거예요.

 당연히 대사 전체를 일본어로 바로 말할 수는 없었지만 몇몇 단어는 자막을 보자마자 '아, 저건 일본어로 이거지' 하고 먼저 발음할 수 있었어요.

 예를 들어 〈코난〉에서는 '경찰(警察, 케-사츠), 살인 사건(殺人事件, 사츠진지켄)' 같은 단어가 유독 자주 나오죠. 한글 자막에 "경찰이 이 살인 사건을 수사 중입니다"라고 떠서 '어라, 문장에 '경찰'이 나오네? 이거 '케-사츠' 뭐 이런 발음 아니었나?'라고 생각하고 있으면 곧이어 캐릭터가 "케-사츠"라고 똑같이 발음하는 걸 확인하게 되는 거예요.

기억하시는 분도 있을 텐데, 한때 SNS에 이런 쇼츠가 돌았어요. 한 남자가 컴퓨터 자동 번역기로 일본어를 한국어로 번역시키고 있죠. 남자가 한 마디 하면 컴퓨터가 한국어로 번역해서 말하는데 그 발음이 엄청 비슷한 거예요. 아래처럼요.

센타쿠키(洗濯機) → 세탁기

무료-(無料) → 무료

코-소쿠도-로(高速道路) → 고속도로

비묘-나 산카쿠칸케-(微妙な三角関係) → 미묘한 삼각관계

둘을 소리 내어 읽어보면 더 비슷하게 들려요. 결국 남자는 '세상이 날 속이고 있는 건가?!' 하는 표정으로 머리를 감싸 쥐죠. '왜… 왜 다 비슷한 거야?'라고 생각했던 걸까요? 이

쇼츠를 봤을 때 깔깔 웃으면서 '그냥 그런갑다~ 나라가 가까워서 그런가 보다~' 하고 넘어갔어요. 하지만 단어들이 어느 정도 귀에 익숙해지면서 이 모든 것이 비슷하게 느껴지는 이유는 바로 한자 때문이란 걸 깨달았어요.

우리나라의 문자는 한글이기에 문자로서 한자를 많이 사용하지는 않지만, 어쨌든 오랫동안 한자를 써온 한자 문화권에 속하잖아요? 그래서 한국어에는 순우리말인 단어도 있지만 한자어도 많죠. 이 책에 쓰인 단어도 대부분 한자어라 해도 과언이 아닐 거예요. 그런데 일본도 한자 문화권에 속하기 때문에 발음이 비슷하게 느껴지는 단어가 많았던 거예요.

이 사실을 깨닫고 나니 이미 알고 있는 단어를 한자 단위로 쪼개서 이해하는 것도 가능해졌어요. 예를 들어 무료(無料)는 일본어로 '무료-'니까 한국어로 '무'는 일본어로도 '무'라고 발음되나 보네? '료'는 '료-'라고 발음되나 보다! 그럼 '요금(料金)'의 '요'도 무료의 '료'랑 같은 한자니까 일본어로 요금은 '료-'로 시작하겠네? 이렇게 추측해보는 거예요. 그리고 얼마 안 가 애니 속에서 캐릭터가 그렇게 발음하는 걸 발견하게 돼요. 궁금한 것이 하나씩 생기면서 번역기에 검색해보고 추측이 맞으면 뿌듯해하기도 했고요. 이런 원리를 깨닫자 귀에 들어오는 단어의 양이 더 많아졌어요. 이 무렵에 느꼈죠.

'자주 나오는 단어 몇 개 정도는 귀에 익었구나!'

단어 하나가 들린
바로 그 순간

저는 이때를 '귀가 트이는 때'라고 생각해요.

단어 몇 개 들린 걸 가지고 너무 거창하게 생각하는 거 아니냐고요? 그럴지도 몰라요. 하지만 저는 이를 제 일본어 경험에서 매우 중요한 순간으로 여기고 있어요. 아주 작은 변화였지만 이때부터 일본어를 대하는 저의 태도가 달라졌기 때문이에요. 그 전까지 일본어는 그냥 제가 재밌게 보는 애니에서 캐릭터들이 쓰는 언어였어요. 그런데 몇 개의 단어에 '귀가 트인' 순간, 알아듣고 쓸 수 있는 언어로 확 다가왔거든요. 솔직히 기분이 좋았어요. 공부를 그렇게 잘하는 편이 아니었던 학생 세영이의 학창 시절에 외국어는 그저 내 인생과 별 관계 없는 과목 중 하나였어요. 그랬기에 은연중에 '평생 한국어 말고 다른 언어를 구사할 일은 없겠지'라고 생각하며 살았어요. 그런데 그렇지 않을 수도 있겠다는 생각이 드는 순간이 찾아온 거예요. 묘하게 기뻤어요. 요즘 세상엔 어떤 외국어든 하나라도 할 수 있으면 큰 자산이 되잖아요.

초반엔 단어 한두 개 알아듣는 정도였지만 이게 반복되니 더 긴 문장의 문법, 어미, 말투까지도 두루뭉술하게나마 떠올릴 수 있었고, 한자어 발음을 유추하는 식으로 단어를 알아내기도 했어요. 예를 들어 '나는 한국인입니다'라는 문장을 생각할 때 어디서 많이 들어본 "와타시와 캉코쿠진데스"를 떠올리며 '아, '은/는'은 일본어로 '와'인가 보다'라고 추측하는 식으로요. 차츰 짧은 문장이나 자주 나오는 문장은 자막만 봐도 전체 문장을 머릿속에서 만들 수 있을 정도가 됐어요. 오로지 한국어 자막과 함께 애니를 보는 경험만으로 일본어 청해가 어느 정도 가능해지고 있었던 거죠.

〈명탐정 코난〉에는 유명한 대사가 하나 있습니다.

真実はいつも一つ。 [신지츠와 이츠모 히토츠]

'진실은 언제나 하나!'라는 뜻이죠. 코난이 사건에 대한 자신의 추리를 조목조목 설명한 후, 사건을 종합해 진상을 밝힐 때 항상 나오는 대사예요. 제가 '귀가 트인 과정'을 조목조목 따져보니 여기서도 하나의 '진실'이 보이는 것 같아요. 일본어든 다른 언어든, 언어를 배울 때는 이 공통적인 진실을 머리에 새겨두면 도움이 될 거예요.

뭐가 됐든 많이 들어야 한다!

가장 좋아하는 애니메이션이든, 어학 듣기 교재든, 무엇이든 상관없습니다. 뭐니 뭐니 해도 처음엔 많이 듣는 게 중요하다는 것.

이 경험을 그냥 버리자니 어쩐지 아깝다는 기분 때문이었을까요? 심심하기도 하니 이참에 일본어를 좀 해볼까, 하는 생각이 들었어요. 어디까지나 가볍게, 심심풀이로요. 그냥 심심해서 일본어를 시작해보려는 제가 당장 할 수 있는 노력은 뭐였을까요? 네, 바로 문자 외우기죠. 심심풀이든 뭐든 일본어를 하려면 히라가나와 가타카나부터 다시 외워야죠. 집에 일본어 교재 같은 게 있었을 리가 없고 당장 책을 살 만큼 포부나 계획이 있었던 것도 아니었으니 인터넷에서 히라가나 표를 검색해서 대충 따라 쓰기 시작했어요. 메모지나 A4 용지, 아이패드 등 손 닿는 곳에 그냥 낙서하듯이요.

사실 알파벳도 그렇고 한글도 그렇고, 문자 익히기에 꼼수나 편법이 딱히 없는 건 다들 아시죠? 무조건 외울 수밖에 없어요. 문자를 외우려면 많이 보는 것도 중요하지만 손으로 직접 써보는 게 가장 효과적인 것 같아요. 글씨라는 건 쓰다 보면 결국 예쁘고 귀엽게 쓰고 싶다는 욕구가 피어오르기 마련이라, 예쁘게 쓰는 연습까지 하면서 자연스럽게 쓰기가 반복됐어요. 저절로 손에 익고 모양이 눈에 익더라고요. 낙서하듯이 수시로 적다 보니 히라가나는 의외로 금방 외워졌습니다.

반면 이놈의 가타카나는 서로 비슷한 글자도 많고 기억할 만한 포인트도 별로 없어서 손으로 써봐도 쉽사리 외워지질 않아요. 일본어 배워보신 분들은 공감하실 거예요…. 우선 눈에 더 익숙해져야 외울 수 있겠다는 생각이 들어서 가타카나를 적어 집 안 곳곳에 붙여두기도 했어요. 아기들이 한글을 익힐 때 벽에 붙여놓고 보는 큰 글자 포스더 같은 게 있으면 좋겠다는 생각도 들더라고요.

그렇게 아주 소소하게 '일본어 공부'라 할 만한 활동을 시작했죠. 일본어를 다시 배워서 구체적으로 뭘 어떻게 하고 싶다는 생각을 한 건 아니었어요. 기왕 일본어를 어느 정도 알아들을 수 있게 됐으니 이것도 어떤 기회가 아닐까 싶고, 이 기회를 그냥 지나치고 싶지는 않았던 것 같아요.

▲ 벽에 붙여두고 보았던 포스트잇

외워야 한다면
최대한 게임처럼

다꾸 전문가에겐 가나도 캘리그래피

아무리 재미있게 배운다고 해도, 외국어 공부는 '그냥 외워야만 하는 순간'을 한 번 정도는 맞이할 수밖에 없습니다. 문자 역시 그냥 암기하는 수밖에 없죠? 하지만 너무 부담 가질 필요는 없어요. 음소문자인 한글이나 알파벳과 달리 일본의 가나는 음절문자거든요. 무슨 뜻이냐면 자음과 모음이 글자 하나에 합쳐져 있다는 거예요. 한글을 배울 때는 'ㄱ'의 음과 'ㅗ'의 음을 각각 배우고 둘을 합치면 '고'가 된다는 원리를 배워야 하지만, 가나는 'か'가 '카'라는 음절 하나를 표시하기 때문에 자모의 조합은 신경 쓰지 않아도 돼요. 단순히 50개의 글자만 외우면 히라가나 읽기는 바로 가능하니까 자신에게 가장 쉬운 방법으로 자유롭게 외우시면 됩니다. 제가 몇 가지 팁은 알려드릴 거지만요!

  우선, 손 글씨 쓰기를 좋아하고 다이어리 꾸미기를 즐기는 분에게는 정말 딱 좋은 캘리그래피 소재를 찾았다고 말씀드리고 싶어요. 캘리그래피 연습하듯이 계속 써보는 것도 문자를 외우는 정말 좋은 방법입니다. 의외로 "히라가나 예쁘게 쓰는 법 알고 싶어요"라는 질문을 정말 많이 하시는 걸 보면 글씨 쓰기를 좋아하시는 분들이 많은 것 같아요. 어떤 글자가 예쁜지는 사람마다 취향이 다를 테니, 오십음도표를 반복해서 써보며 본인의 입맛대로 동그랗거나 뾰족하게 모양 잡는 연습을 해보면 어떨까 싶어요. 핀터레스트나 구글에서 '일본어 캘리그래피'로 검색해서 예쁜 스타일을 찾아보는 것도 꽤나 재미있습니다. 쉬운 히라가나 단어를 예쁜 스타일로 써보는 연습을 하면 단어도 저절로 외워질 거예요.

문자를 쓸 때는 눈으로만 익히지 말고 꼭 소리 내어 읽으면서 외우시길 바랍니다. 말하고, 읽고, 듣고, 쓰는 모든 작업이 합쳐질 때 문자도 더 빨리 기억되니까요. 저는 일단 오십음도의 앞 글자들만 따서 소리 내어 외우기 시작했어요. '아카사타나하마야라와응.' 다음 페이지의 제가 쓴 문자표를 보시면, 맨 왼쪽에 있는 세로 첫 줄부터 외운 거죠. 세로 첫 줄을 외우고 나면 가로줄 문자의 발음은 '아이우에오, 카키쿠케코…'로 같은 패턴이 반복돼요. 11개뿐이니까, 어떻게든 자신이 빨리 외울 수 있는 방법이면 됩니다. 한 번에 몇 개씩 끊어서 외우거나, 이야기를 만들어서 외우는 방법 등이 있겠죠? 저는 '아카사타나, 하마야라와, 응'으로 끊어 외웠어요.

ひらがな

あ	か	さ	た	な	は	ま	や	ら	わ
い	き	し	ち	に	ひ	み		り	
う	く	す	つ	ぬ	ふ	む	ゆ	る	
え	け	せ	て	ね	へ	め		れ	
お	こ	そ	と	の	ほ	も	よ	ろ	を
									ん

세로 첫 줄을 외웠다면 이번엔 가로로 읽되 성우가 입을 풀기 위해 발음 연습을 한다고 생각하며 '아이우에오, 카키쿠케코…'라고 소리 내어 말하고, 말하면서 그 소리를 잘 들으세요.

글자 모양과 발음하는 방법, 발음한 소리를 함께 기억하는 거예요. 이렇게 반복하다 보면 곧 오십음도의 틀이 뇌 속에 자리 잡을 거예요.

눈에 닿는 곳마다 붙여두고, 소리 내어 읽어보고, 시간이 날 때마다 끄적여보고, 머릿속에서 이미지를 떠올려보고. 이런 식으로 외우기!

カタカナ

행단			
ア	イ	ウ	エ	オ
カ	キ	ク	ケ	コ
サ	シ	ス	セ	ソ
タ	チ	ツ	テ	ト
ナ	ニ	ヌ	ネ	ノ
ハ	ヒ	フ	ヘ	ホ
マ	ミ	ム	メ	モ
ヤ		ユ		ヨ
ラ	リ	ル	レ	ロ
ワ				ヲ
ン				

다음은 가타카나입니다. 외래어나 고유명사, 강조하는 말 등을 표기할 때 쓰이는 가타카나는 히라가나보다 단순하게 생겨서 그런지 어째 다 비슷비슷해 보여서 좀처럼 외워지지 않는데, 요령이 있습니다. 단어를 통해서 외우는 건데요, 우선 짧은 가타카나 단어를 골라서 외웁니다. バナナ(바나나), テニス(테니스)처럼 가급적 가타카나 표기의 발음과 외래어의 원래 발음이 비슷한 걸로요. 짧은 단어들을 확실히 외우면 バ, ナ, テ, ニ, ス는 다른 단어 속에 들어가 있어도 확실히 알아볼 수 있을 거예요. 이를테면 バス(버스)는 바나나에서 외운 バ와 테니스에서 외운 ス를 떠올려 읽을 수 있겠죠? 그렇게 단어로 외운 기억에 의존하는 방식으로 아는 글자를 늘려나가는 겁니다. 처음 보는 가타카나 단어가 아는 글자 3~4개, 모르는 글자 1~2개로 이루어져 있다면, 모르는 글자 1~2개도 이 단어를 외우면서 함께 기억에 남을 거예요. 단어를 하나씩 익히며 가타카나도 확실히 기억하게 되는 일석이조 암기법이랍니다.

오십음도를 어느 정도 연습했으면 문장도 따라 적어보세요. 상단에 한글로 발음을 적으면서 써보는 것도 글자를 기억하는 데 좋은 연습이 될 거예요.

わたしは かんこくじんです
와타시와 칸코쿠진데스
저는 한친인 입니다

アニメが すきです
아니메가 스키데스
애늴 좋아해요

すしは おいしいです
스시와 오이시이데스
스시는 맛있어요

かのじょは いません
카노죠와 이마셍
여자친구는 없어요

かれしは いません
카레시와 이마셍
남자친구도 없어요

わたしの なまえは ジョンセヨンです
와타시노 나마에와 죵 세욜데스
제 이름은 정세영입니다

듣기를 게임처럼, 나 홀로 단어 퀴즈

제가 일본어 공부, 나아가 언어 공부에서 가장 중요하다고 생각하는 활동은 바로 '듣기'인데요. 재미있으면서도 효율적인 듣기를 위해선 어떻게 해야 할까요?

한자를 오래 사용해온 한국어와 일본어에는 닮은 단어가 유독 많아요. 제가 일본어를 들으면서 가장 먼저 느낀 특성이기도 하고, 이 점을 의식하게 되니 공부에 많은 도움이 되었어요. 단어를 무작정 외우기보다는 한자어라는 공통점을 의식하며 듣는 연습을 하면 귀에 쏙쏙 더 잘 들어오고, 잘 기억될 거예요.

앞에서 애니를 볼 때 자막에 나온 단어를 먼저 눈에 담고 발음을 예상하면, 뒤이어 애니 속 인물이 제 예상대로 발음한다고 했었죠. 같은 방식으로, 어림짐작도 좋으니 일단 자막을 보고 발음을 추측해보는 거예요. 예상이 정확히 맞아떨어지는 때가 있는데 그것만큼 기분 좋은 일이 없답니다. 셀프 퀴즈를 하듯이 아래처럼 한번 해보세요.

- STEP 1   애니를 잔뜩 본 베이스의 뇌를 준비한다.
- STEP 2   한국어 자막을 켠 채로 편하게 본다.
- STEP 3   자막 중 자주 본 듯한 단어를 찾는다.
- STEP 4   대략 어떤 발음일지 상상해보고, 실제 발음을 확인한다.
- STEP 5   맞혔다면 기뻐한다.
- STEP 6   틀렸다면 '뭐, 틀리는 게 당연하지'라고 생각하며 포기하지 않는다.
- STEP 7   반복한다.

이렇게 하면 애니를 보면서 미니 게임 하는 듯한 기분도 들고, 더 효율적인 듣기를 할 수 있어요. 이 방법을 시도하기에 좋은 애니는 역시 〈명탐정 코난〉인데, 추리물이라 한자어 단어가 많이 나오기 때문이에요. 경찰, 경시청, 범인, 용의자, 밀실 등등 범죄 및 수사 관련 단어가 매 회차에 반복적으로 자주 나옵니다. '범인' 같은 단어는 무조건 한 화당 한 번 이상은 나오고요. 그러면 노력하지 않아도 자연스럽게 기억되니 정답률이 더 올라가요. 실생활에서 잘 안 쓰는 단어 아니냐고 하실 수도 있지만, 여기서는 듣기 연습을 좀 더 재미있게 하는 데 의의가 있으니까 단어의 실용성을 따지기보다는 '발음을 듣고 유추하기'에 집중해서 해보시기 바랍니다. 어쨌든 앞으로 만나게 될 많은 한자들의 발음을 유추하는 데 상당히 도움이 되거든요. 발음 맞히기 미니 게임, 애니를 보면서 꼭 한번 해보세요.

5.

벽 보고 말해도
효과 있다니까요

オレはチームの主役じゃなくていい。

오레와 치-무노 슈야쿠쟈나쿠테 이이

나는 팀의 주인공이
아니어도 돼.

- 〈슬램덩크〉 중에서 -

공부가 아니니까
지속 가능합니다

 '들린다'는 작은 희열과 함께 즐거운 마음으로 더욱 많은 애니와 다양한 일본어 영상을 보게 되었어요. 아무런 부담감 없이, 더 많이 알아들어야겠다는 생각도 없이요. 히라가나와 가타카나 쓰기를 할 때와는 다르게, 애니를 볼 때만큼은 '이것도 공부다', '조금이라도 더 알아듣고 싶은데…' 같은 생각은 전혀 없이 오로지 덕질을 한다는 굳건한 자세로 신나게 애니를 봤어요.

 지금 와서 생각해보니 이런 태도로 애니를 봤던 것이 제 일본어 경험에서 굉장히 중요한 포인트였던 것 같아요. 저뿐 아니라 많은 분이 이미 경험했을 듯한데, 유튜브나 TV에서 방송되는 역사 프로그램은 재밌게 보지만 같은 내용도 시험공부나 수업이 되면 재미가 확 떨어지잖아요? 저는 무엇이든 '공부', '학습'이라고 느끼면 그 효능이 절반 이하로 떨어진다고 생각해요. 그래서 이 시절에 아무 생각 없이 애니에만 열중했던 제 자신에게 고맙다는 인사라도 건네고 싶을 정도예요.

제가 애니를 보면서 일본어를 익혔다고 이야기하면 많이들 이렇게 물어보세요.

"언제부터 자막 없이 보셨나요?"

아무래도 '자막 없이 영상 보고 이해하기'가 언어 숙련의 확실한 지표로 받아들여지고 있나 봐요. 하지만 저는 일본어가 들리기 시작한 후에도 꽤 오랫동안 한국어 자막을 켠 채로 봤답니다. 당연한 일이에요. 대충 들리는 문법이나 단어가 몇 개 있을 뿐 '귀가 완전 트였다!'라고 할 만큼 청해가 100% 가능한 상태는 아니었으니까요.

하지만 오로지 애니를 보기만 했을 뿐 다른 노력은 전혀 하지 않았는데 이만큼이나 들리다니, 공짜로 외국어 영역

하나를 개척했다는 생각이 들어서 너무 신기하고 신나더라고요. 딱히 돈을 아껴 저축을 한 것도 아니고 머리를 굴려 투자하지도 않았는데 어디서 나왔는지 모를 쌈짓돈이 눈앞에 나타난 기분이었달까요? 그런 마음이었기에 더욱 부담감 없이 자막을 켠 채로 애니에 풍덩 빠져들 수 있었죠.

입만 열면 오타쿠 말?
그것도 나쁘지 않아

하루는 이런 생각이 들더라고요.

'어라? 이거 혹시 말하기도 되는 거 아니야?'

그렇게 생각할 수밖에 없었죠. '들었을 때 어떤 뜻인지 아는 단어가 있다. 자막을 보고 단어의 발음을 머릿속으로 유추할 수 있다. 그러면 당연히 말하기도 가능하겠다'는 생각이 들었던 거죠. 어떤 언어든 일단 귀가 트인 후 입이 트인다고 하잖아요. '들리는' 경험을 했으니 자연스럽게 '말하기도 가능하지 않을까'라는 생각이 들기 시작했어요.

물론 말하기가 듣기만큼 쉽지는 않죠. 영어를 생각해보

세요. 한국인은 초등학생 무렵, 빠르면 유치원 때부터 영어를 배우고 익히고 시험도 수없이 치며 살아가지만 영어로 유창하게 말할 수 있냐고 물었을 때 선뜻 "YES!"라고 답할 수 있는 사람이 몇이나 될까요?

사실 말하는 것만 빼면 영어를 제법 잘하는 듯한 기분이 들 때도 있죠. 영어 드라마나 영화를 보면서 한 문장 알아듣고 뿌듯해하기도 하고, 좋아하는 배우에 대한 영문 기사를 번역 없이도 대강 훑어보면서 무슨 내용인지 감은 잡을 수 있잖아요. 그래서 '나도 이 정도면 영어 좀 하는 거 아닌가?' 싶지만 막상 지하철에서 외국인이 영어로 길을 물어보면 "엄… Go 쭉~"밖에 안 나오는 거, 누구나 그런 적 있을 거예요.

일본어도 마찬가지였어요. 머릿속으로는 아는 문법, 조사, 단어, 말투를 조합해 그럴싸한 문장을 만들어낼 수 있어도 입 밖으로 내뱉으려고 하면 꼬이고 버벅거리더라고요. 게다가 머릿속으로 완벽히 만들 수 있을 만큼 잘 아는 문장들은 애니 속에서만 사용하는 말투인 거예요. 종종 인터넷에 떠도는 그런 얘기 있죠? "너만 구할 수 있다면 이 세계는 멸망해도 괜찮으니까"는 일본어로 완벽하게 말할 수 있지만 "에어컨 온도 좀 올려주세요", "연필이 떨어졌는데 좀 주워주세요"라는 말은 못 한다는 한 덕후의 뼈 아픈 고백. 이런 얘기도 있었죠. 일본 애니를 많이 봐서 회화가 상당히 유창했던 한 한국 남학생에게 일본어 수업의 교수님이 "김 군은 왜 17살 일본 여고생같이 말하나요?"라고 물었다는…. 다들 일본어를 만화나 애니로 배운 한계에 부딪치고 말았다는 우스갯소리인데요. 그 무렵의 제가 딱 그랬죠. 입만 열면 '오타쿠 말'이 나오는 상태….

그런데 그게 또 썩 나쁜 기분은 아니었어요! 오타쿠 말이든 뭐든 일본어가 실제로 입에서 나오니까 신기하고 뿌듯했어요. 누가 듣고 이상하다고 지적하고 평가하는 상황이 아니기도 했고요. 머릿속으로만 생각하다 입 밖으로 내뱉어보니 그제서야 제 것이 된 기분이 드는 데다가, 한 가지 중요한 사실도 깨달았어요. 머릿속에서는 너무나도 유창하고 스무스했는데 막상 뱉어보니 전혀 그렇지 않으니까, 확실하게 알겠더라고요.

'아, 입 밖으로 내뱉어보지 않았으면 유창하게 말할 수 있다고 착각했겠다.'

실제로 입 밖으로 내뱉어보는 것이 얼마나 중요한지를

뼈저리게 실감할 수 있었던 거죠.

나온 지 굉장히 오래되었지만 최근에도 새로운 극장판 애니메이션이 나왔을 정도로 사랑받는 고전 스포츠물 〈슬램덩크〉 원작 만화에 이런 대사가 나와요.

オレはチームの主役じゃなくていい。
[오레와 치-무노 슈야쿠쟈나쿠테 이이]

주인공 팀과 겨루게 되는 상대 팀 선수인 변덕규(우오즈미 준)의 말로 '나는 팀의 주인공이 아니어도 돼'라는 뜻이죠. 변덕규는 자신의 실력이 경기의 주역을 맡기엔 부족하다는 사실을 받아들이고, 득점할 수 있는 다른 선수들을 보조하는 역할에 몰입합니다. 그러자 오히려 훌륭한 성과를 내게 돼요.

자신의 부족함을 받아들일 때 발전이 가능하다는 깨달음이 담긴 말이죠? 제가 머릿속의 오타쿠 말을 꺼내봤을 때가 바로 이런 순간이었던 것 같아요. 처음부터 바르고 정확한 말만 뱉을 수 있는 건 아니죠. 지금 막 시작했을 뿐인데 '주인공처럼' 잘하지 못해도 뭐 어떤가요? 그래도 지금 할 수 있는 걸 해보니 정말 중요한 사실도 하나 깨달았잖아요. 내 생각만큼 유창하지 않다는 것. 그래서 그때부터는 머릿속에서 조합해서 말로 해볼 수 있는 것이라면 아무리 사소한 거라도 바로 입 밖으로 내뱉어보는 습관을 들이기 시작했어요.

일본어로 혼잣말하기부터 시작한 거죠.

섀도잉보다는
혼잣말을 택한 이유

　벽 보고 혼잣말하는데 심지어 일본말을 하고 있는 상황, 누가 봤다면 굉장히 이상해 보였을 거예요. 하지만 어차피 혼자 사는 자취방이니 남이 볼 일도 없고, 틀리게 말해도 아무 문제가 없으니까요. 예를 들어 한국인이라면 모두가 고개를 끄덕이는 우리 민족 고유의 언어 습관, 있잖아요? 노래 가락에 실어 표현하는 상황과 마음. "양말이~ 어디로~ 갔나~", "리모컨이~ 어디에 있나~" 같은 것도 일본어로 읊어봤어요. 이렇게 일상에서 쉽게 할 수 있는 짧은 말들을 차근차근 혼잣말로 해보기 시작했어요.

　그리고 애니메이션을 보면서 새롭게 듣게 된 문장이나

자주 쓰일 법한 문장, 발음이 신기하고 웃긴 문장, 내용이 매력적이거나 재밌는 문장이 나왔을 때 영상을 멈춰가며 그 문장을 따라 말해봤어요. 외국어를 본격적으로 공부하려고 공부법 검색 좀 해보신 분들이라면 감 잡으셨겠지만, 이게 바로 언어 공부에서 중요하다는 '섀도잉'이었어요. 언어를 공부하려고 각종 포털 사이트나 유튜브에 공부법을 검색하면 8할 정도는 다음과 같은 이유로 섀도잉이 도움이 된다고 소개해요.

- 대화 상대가 없어도 혼자 말하기 연습을 할 수 있다.
- 원어민의 억양과 발음을 자신의 것과 바로 비교할 수 있다.
- 빠른 속도로 하는 말을 듣게 되므로 듣기 훈련이 된다.
- 어떤 상황에서 어떤 표현이 쓰이는지 대략적인 감을 잡을 수 있다.
- 생활, 사회, 경제 등 익히고 싶은 어휘가 있는 말하기 상황을 찾아서 맞춤 연습을 할 수 있다.
- …

이렇게 장점이 많다고 하니 따라 해보지 않을 이유는 없겠죠. 섀도잉을 해보니 확실히 조금 더 자연스러워지는 것 같기는 하더라고요. 섀도잉의 가장 큰 장점은 '잘하지 못해도 일단 말해볼 수 있다' 아닐까요. 제 생각에 '언어는 기세!', 즉 자신감이 반은 먹고 들어간다고 보거든요. 서툴더라도 자신 있게 하고 또 하면 자연히 느는 건데 이 '자신감' 자체를 가지기 어렵다는 게 언어 익히기의 함정 같아요. 저는 자신감 결여 때문에 외국어를 소리 내어 말하기까지 알게 모르게 은근히 많은 에너지가 소비된다고 생각하거든요.

잘 못하는 언어를 자신 있게 하기는 사실 매우 어렵죠. 모국어만큼 잘하지 못하니까 말을 꺼내기가 민망하기도 하고, '틀리면 어떡하지'라는 불안함도 있고, 머릿속에서 생각한 대로 빠르게 말할 수 없으니 답답하기도 하죠. 자신의 서툰 모습과 마주할 때마다 자신감은 깎이기 마련이거든요. 설상가상 이런 서툰 모습을 꼭 남 앞에 내보여야만 하죠. 자신 있게 말해야 실력이 느는데 막상 말을 하면 자신감이 깎이는 판국이니, 더더욱 말하기가 어려워지는 악순환에 빠져들고 기세가 꺾이는 거예요. 그런데 섀도잉은 이 모든 것을 쉽게 만들어줘요. 지켜보는 사람이 아무도 없는 상황이라고 해도 자꾸 혼잣말을 하는 게 민망한 사람도 있을 거예요. 그렇지만 섀도잉은 혼잣말이 아니라 남의 말을 따라 하는 거니까, 지금 섀도잉이라는 공부를 하는 중이라고 생각하면 민망함도 지울 수 있어요. 틀릴 수도 있다는 마음의 부담이나, 생각한 대로 말이 나오지 않는 답답함도 덜하고요. 이처럼 스스로 하는 말이 아니라도 '말해보는 것'은 굉장히 중요한데 섀도잉은 그 부분을 자연스레 이끌어주어 도움이 된다고 생각해요.

그렇지만 솔직히 말하자면, 저는 섀도잉을 많이 하지는 않았습니다. 뭐든 장점이 있으면 단점도 있는 법인데 섀도잉은 어느 정도 문법 지식을 쌓지 않은 초심자에게는 큰 효과가 없고, 언어에서 가장 중요한 상호 피드백을 받을 수 없다는 것을 대표적인 단점으로 꼽아요. 하지만 제가 섀도잉을 접은 건 이런 합리적인 이유보다는 저 나름의 이유 때문이었어요. 뭐냐고요? 바로 애니를 보면서 부담감을 느끼고 싶지 않았기 때문이에요.

즉 '공부하는 중이다'라고 생각하고 싶지 않았어요.

언어는 공부가 아니라
덕질입니다

  이 책을 보고 계실 여러분도, 그리고 저에게 일본어 학습 관련 많은 질문을 해주신 분들도 이거 하나만은 꼭 기억해주시길 바라요. 제가 독학으로 일본어를 어느 정도 할 수 있게 된 것도 바로 이 생각 덕분이거든요.

  언어를 '공부'라고 생각하지 않았으면 좋겠어요.
  언어는 '덕질'하듯이 해야 돼요.

  아무리 재미있는 일이라도 "공부해!"라고 하면 거부감을 느끼기 마련이에요. '공부'에는 뭐가 따라오나요? 숙제, 시

혼잣말 다음 스텝은
머릿속 상황극

 여튼 저는 재미있는 덕질인 '애니메이션 보기'를 의식적인 섀도잉으로 '공부 중'이라고 느끼고 싶지 않았기 때문에 혼자서 말해볼 수 있는 기회를 만든 것으로 만족하고 섀도잉은 일단 접어뒀어요. 나중에 섀도잉이 필요한 상황이 되면 다시 활용하기로 하고, 지금은 공부로 느껴지지 않는 다른 방법들을 써보기로 했어요.

 첫 번째 방법은 머릿속으로 상황극 만들기였어요. 누워서 잠들기를 기다릴 때나, 샤워할 때, 잠깐 넝때릴 때 등등, 잠깐이라도 짬이 나면 일본어로 대화하는 상황을 상상하고 적합한 말을 만들어봤어요.

'지금 당장 일본 워킹 홀리데이에 갔다고 가정해보자.'

'우선 아르바이트를 구해야겠지?'

'그럼 아르바이트 면접을 보겠지?'

'보통 아르바이트 면접에서 어떤 걸 물어볼까?'

이런 식으로 상황을 가정하고, 자세한 대화 내용을 상상하는 거예요.

"간단한 자기소개 해주세요."

"저는 한국에서 온 21살 정세영이라고 합니다."

"왜 일본에 오게 됐나요?"

"일본의 거리나 분위기, 문화를 동경하고 일본에서 생활해보고 싶어서 워킹 홀리데이를 신청하게 됐습니다."

"저희 카페에 지원하게 된 계기는 무엇인가요?"

"한국에서도 카페에서 아르바이트했던 경험이 있어서 그 경험을 살리고자 카페 아르바이트를 알아보던 중에 이 카페가 분위기도 너무 좋고 디저트도 맛있어서 지원하게 됐습니다."

이런 대화를 상상해볼 수 있겠죠? 일단은 이렇게 한국어로 떠올린 다음, 모두 일본어로 번역했어요.

簡単に自己紹介してください。

[칸탄니 지코쇼-카이시떼 쿠다사이]

私は韓国から来た21歳ジョンセヨンと申します。

[와타시와 캉코쿠까라 키따 니쥬-잇사이 죵세용토 모-시마스]

なぜ日本に来ようと思いましたか。

[나제 니혼니 코요-또 오모이마시따까]

日本の街並みや雰囲気、文化に憧れがあって、日本で生活がしてみたくてワーキングホリデーで来ることになりました。

[니혼노 마치나미야 훙이키, 붕카니 아코가레가 앗떼, 니혼데 세-카츠가 시떼미타쿠떼 와-킹구호리데-데 쿠루코토니 나리마시따]

うちのカフェに志願したきっかけはなんですか。

[우치노 카훼니 시간시타 킷카케와 난데스까]

韓国でもカフェでアルバイトをした経験があり、その経験を生かしたくてカフェのアルバイトを探していたところ、このカフェが雰囲気もとても良

133

くてデザートなどもおいしいので志願すること に なりました。

[캉코쿠데모 카훼데 아루바이토오 시타 케-켄가 아리, 소노 케-켄오 이카시타쿠떼 카훼노 아루바이토오 사가시테이타토코로, 코노 카훼가 훙이키모 토테모 요쿠떼 데자-또나도모 오이시-노데 시간스루 코토니 나리마시따]

이런 식으로 머릿속에서 번역을 마친 후 입 밖으로 소리 내어 뱉었어요. 물론 당시에 이 모든 문장을 바로바로 번역할 수 있는 수준은 아니었기에 막히는 부분이 생기면 번역기의 도움을 받아 문장을 만들어서 머릿속에 집어넣은 다음 입 밖으로 뱉는 연습을 했어요.

여기서도 공부하듯이 각 잡고 회화 책에 나오는 것처럼 가능한 모든 상황을 만들어보려 한 건 아니었고, 제가 정말 관심 있는 주제나 저에게 생길 법한 상황을 가정했어요. 관심도 없는 주제를 취업을 위한 압박 면접 준비처럼 긴장해서 하려고 들면 이것 또한 재미로 하는 게 아니라 공부가 되고 마니까요. 아직 일본어는 제게 공부보다 덕질의 영역에 속해 있으니, 덕질이 공부가 되어버리는 것만큼은 피했던 거죠. 돌이켜보면 아직 서툰 단계에서도 저에게 필요한 문장을 '스스로' 떠올려본 게 큰 도움이 되었던 것 같아요. 잘 모르니까 오히려 더 가볍게 자주 시도할 수 있고, 번역기를 동원하든 어쨌든 직접 만들어낸 문장이다 보니 어딘가에 나와 있는 문장을 외우는 것보다 기억에 오래 남는 것 같았어요. 사소한 것이라도 주도적으로 해보는 것이 얼마나 효과가 강력한지를 시간이 갈수록 실감하게 되더라고요.

험, 성적! 어떤 사람이든 넌더리를 낼 수밖에 없죠. 이번에는 작심하고 공부하겠다고 아무리 마음을 다잡아도 머지않아 지쳐 포기하기 일쑤예요.

그렇지만 "그냥 좋아하기만 해!"라고 한다면?

그냥 '나는 이 일본 드라마가, 이 일본 애니메이션이, 이 일본 영화가 재미있어서 보는 것이다!'라고 생각하는 거예요. 마음의 기본 세팅을 '내게 외국어는 공부가 아니라 덕질 영역'이라고 해두면 오래 꾸준히 지속할 힘을 얻을 수 있어요.

제가 그랬듯이.

물론 내가 지금 구사할 수 있는 일본어와 나의 관심사를 다루는 일본어의 수준이 딱 들어맞지 않는다면 이렇게 접근하기가 쉽지 않다는 것도 잘 압니다. 저처럼 일본 여행이나 애니메이션, 현대물 드라마를 좋아한다면 일상적으로 쓰이는 쉬운 일본어를 많이 접하면서 익숙해질 수 있겠지만, 만약 역사나 과학 같은 분야에 관심이 있다면 좀 더 어려운 일본어와 마주해야 할지도 몰라요. 하지만 그렇더라도 본격적으로 공부해보겠다고 무겁게 마음먹기보다는 이런 마음으로 가볍게 검색을 해보면 어떨까요?

"일본어로 좋아할 수 있는 것을 찾아내자!"

인터넷에서 찾을 수 있는 많고도 많은 일본어 미디어 중 자신의 흥미를 자극하는 분야를 비교적 쉽게 다루는 콘텐츠를 찾아서, 부담감을 내려놓고 '좋아하는 것'이 언어 습득의 가장 빠른 지름길이라고 생각해요. 그런 콘텐츠를 찾아내는 과정도 꽤나 재미있을 거예요.

전화 어플 하나로
세미 유학 생활 완성

　일본어가 공부로 느껴지지 않는 범위 내에서 시도한 두 번째 방법은 '일본인과 실제로 대화하기'였어요. 기왕 말을 할 거면 현지인과 대화하는 게 당연히 더 도움이 되겠죠. 하지만 전 세계적인 격리의 시대에 어떻게 당장 일본에 가겠어요? 만약 갈 수 있다고 해도 연습이 될 만큼 원어민과 길게 대화하는 건 또 어디 쉬운 일인가요? 그런데 이 모든 문제를 어플 하나로 해결할 수 있다면 안 할 이유가 없겠죠. 바로 전화 어플리케이션으로 일본인과 대화하는 기회를 만들어보기로 했어요. 아마 지금은 외국인과 통화할 수 있는 전화 어플리케이션이 그때보다 더 다양하게 나와 있을 거예요. 돈을 내고 정해진 시간에 전화 통화를 하는 어학 서비스가 아니라 그냥 언어 교환을 원하는 사람들끼리 매칭해주는 통화나 채팅 어플이 많아요.

당시 저는 인터넷에 '일본인 전화 어플'을 검색해 제일 상단에 뜬 어플을 다운로드 받아 매칭된 일본인 친구와 떠듬떠듬 대화를 나눴어요. 하고 싶은 말이 생각만큼 잘 만들어지지 않으면 번역기를 돌려서 말을 건네고, 일본인 친구가 하는 말 중에 처음 듣는 단어가 있으면 그 단어는 무슨 뜻이냐고 물어보기도 하며 틈날 때마다 전화를 했어요. 혼자 생각하고 내뱉던 일본어 상황극을 실제 대화로 옮긴 것이죠. 그런 식으로 하루에도 몇 차례씩 내 말에 반응해주는 원어민과 대화하다 보니 자연히 쓸 수 있는 어휘도 늘었고 회화도 한층 능숙해졌어요.

랜덤으로 매칭되기 때문에 다양한 직업, 성별, 연령대의 사람들과 대화할 수 있는 것도 전화 어플의 장점이에요. 한때 유튜브에서 유행했던 '일본어 전화 어플로 일본인과 대화하기 콘텐츠'에 나올 법한 기상천외한 사람을 만나기도 했죠. 그중에서도 초반에 통화하게 된 한 일본인과는 특별히 친해졌어요. 어느 한쪽이 의식적으로 먼저 연락하지 않아도 그냥 어쩐지 자연스럽게 매일 전화를 주고받는 사이가 됐죠. 그렇다고 연애로 발전할 것 같은 관계는 아니고, 정말 일상적이고 시답잖은 얘기를 나누는 동네 친구 같은 사이가 된 거예요. 그렇게 편한 사이가 되니 잠시 이동 중에 심심할 때나, 일정 사이 잠깐 시간이 뜰 때에도 그냥 막 전화를 걸었어요. 정말 친구한테 카톡 하듯이요. 물론 그 친구도 그렇게 전화를 걸어 왔고요. 애니나 드라마를 보다가 모르는 단어가 나오면 전화해서 물어보기도 하고, JLPT 공부를 하다가 어려운 문제가 있으면 물어보면서 같이 풀기도 했어요. 그래서 단순히 '전화'만 한다는 느낌보다 서로의 언어를 함께 지탱하며 끌어주는 학습 친구가 됐다는 느낌까지 들었어요.

그 친구가 오사카 근교 지역으로 유명한 나라현 출신이라는 점이 아직도 제게 영향을 끼치고 있다는 게 특히 재미있어요. 나라현, 즉 관서 지역 사람인 그 친구는 당연히 관서 사투리를 썼거든요. 들어본 적 있으실까요? 이게 바로 그 유명한 '간사이벤'이에요. 그 친구와 1년 넘게 통화하며 지냈더니 어느 순간 제 입에서도 관서 사투리가 조금씩 나오더라고요. 그때 어렴풋이 물든 사투리의 흔적이 아직까지 저의 일본어 말투에 남아 있어요. 오사카에 잠깐 살았기 때문에 더 입에 붙기도 했겠지만요. 이렇듯 회화에 대한 실전 경험이 거의 없는 상황에서 전화 어플로 대화하면 스펀지가 물을 빨아들이듯 쭉쭉 흡수되는 느낌이에요. 그만큼 실전 회화 능력을 빠르게 향상할 수 있다는 뜻이기도 하지만, 사투리가 아닌 표준어 위주로 배우고 싶으신 분들은 전화 어플 친구를 찾을 때 주의하시는 게 좋을 것 같네요.

아침에 일어나자마자 J-POP을 듣고, 밥을 먹으며 일본 애니메이션을 보고, 설거지를 하며 애니메이션 성우 라디오를 듣고, 다시 저녁을 먹으며 일본 드라마를 보고, 샤워하며 J-POP을 듣고, 잠들기 전 상황극으로 일본어로 말해보고, 중간중간 짬이 날 때마다 일본어로 말하고, 일본인 친구와 전화하는 습관이 들었죠.

어느 순간 보니 일본어로만 듣고 말하는 생활을 하고 있었어요.

한국어로 듣거나 말하는 시간보다 일본어를 접하는 시간이 많아지니 자연스럽게 일본어 회화가 느는 게 실시간으로 느껴졌어요. 유창하지는 않지만 어느덧 일상 회화에는 큰 어려움이 없어졌죠. 바로 그 무렵 이런 생각이 들었죠.

'이건 거의 세미 유학 생활인데?'

책도 학원도 시험도 없이, 자취방 한구석에서 일본 유학 생활을 하는 효과를 누리고 있었던 거예요.

조금은 소심하게,
크리에이터로 한 발짝

 이 시기에 유튜브 채널을 만들어볼까 고민하기 시작했어요. '일본어도 채널 콘텐츠로 활용해야지. 먼 훗날에는 일본어 자막도 달고, 일본어 공부법 영상도 올려야지~' 하면서요. 그렇지만 실제로 시작하기까지 꽤 오래 망설이는 시간을 보내야 했어요. 저를 센님 유튜브 채널로 먼저 알게 된 분들은 못 믿으실지도 모르겠지만, 원래 제가 남 눈치를 많이 보는 성격이었답니다. 생각보다 소심해요.

 '내가 이렇게 행동하면 주위 사람들이 어떻게 생각할까?'

 '내가 SNS에 이런 사진을 올리면 뒤에서 말이 나오지 않을까?'

'이런 옷을 입어도 될까…? 주위에 입는 사람 있나?'

이렇게 사소한 것까지 남의 시선을 의식하고, 뒤에서 안 좋은 말이 나오지는 않을까 두려워하며 하고 싶었던 일도 지레 포기하는 면이 있었어요.

그렇지만 모순적이게도, 남 앞에 서서 이야기하는 걸 좋아해요. 내 생각을 이야기하고 청중의 반응을 이끌어내는 게 재미있었기 때문에 고등학생 시절부터 수행평가 등에서 발표하는 것도 꺼리지 않았고, 그런 면모가 대학교 홍보대사까지 이어졌던 거라고 생각해요. 유튜브라는 매체에 관심을 가지고 있었던 것도 어찌 보면 당연했던 것 같아요. 어쨌든 '방송'이라는 건 내가 하고 싶은 이야기를 남에게 실컷 할 수 있는 방법임은 분명하니까요. 하지만 소심하고 눈치 보는 성격 탓에 시작하는 게 어려웠어요.

'내가 유튜브를 시작하면 좋든 안 좋든 뒤에서 이야기가 나오지 않을까?'

'그래도 얼굴과 신상이 노출되는 건 좀 부담스러워.'

'악플로 상처받기는 싫은데….'

'요즘 이상한 사람 많던데 스토커라도 붙으면 어떡하지. 그건 감당하기 어렵다.'

이런저런 걱정들이 꼬리에 꼬리를 물어 채널 개설을 미루기만 했고, 친구들에게 늘상 이런 얘기를 늘어놓기도 했던 것 같아요. 그때 친구에게 들었던 한마디가 저를 움직였던 걸 보면요.

"너 나중에 나이 들어서 후회하지 말고 지금 해."

지금 이렇게 들으면 '그렇게나 임팩트 있는 말인가?' 싶지만 그때의 저는 이 말을 듣고 망치로 머리를 한 대 얻어맞은 듯한 느낌이었어요.

그렇지.

지금 바로 이 순간이 앞으로 남은 내 인생 중에 가장 젊고, 예쁜 때잖아.

가장 빛나는 '지금'을 남겨두지 않으면 나중에 시간이 지나 '아, 조금이라도 더 젊었을 때 할걸' 하고 후회할 게 뻔해.

생각이 여기에 미치니 드디어 결심이 서고, 카메라 앞에 서서 많은 사람에게 내 이야기를 할 준비도 된 것 같았어요. 게다가 격리 때문에 여유 시간이 많은 시기이기도 했으니 지금이 딱 좋다는 생각마저 들었죠.

그렇게 유튜브 채널을 열었어요. 막 시작했을 때는 일본어를 다루지 않고 우선 제 대학 생활, 홍보대사 활동을 위주로 일상 브이로그 중심의 채널을 만들어나가기 시작했어요. 아직 제 일본어 실력이 남에게 도움을 줄 만큼은 아니라고 생각하면서요.

말문 트기의 시작은
혼잣말 기법으로

오타쿠 말만 할 줄 안다고요? 아무 말도 못 하는 것보단 훨씬 낫죠. 혼잣말이든 대화든 한 마디라도 해보는 것, 아무 말이라도 해보는 것이 중요합니다. 시도하는 그 어느 것도 헛되지 않으니까요!

저는 일본어를 막 습득하던 시기에 코로나 격리 때문에 혼잣말로 일본어 말하기 연습을 시작할 수밖에 없었어요. 그런데 지나고 보니 이게 오히려 초보 단계에서 말을 더 많이 해볼 수 있는 비결이었던 것도 같습니다. 학원이나 과외 선생님에게 배우면 발음이나 문법을 틀렸을 때 곧바로 지적받고 고칠 수 있으니 당연히 기본기를 탄탄하게 익힐 수 있을 거예요.

하지만 선생님이 붙어서 하나하나 교정해준다는 건 계속 뭔가 틀렸다, 잘못되었다는 지적을 받게 된다는 뜻이기도 하죠. 반면 혼자 하면 아직은 뭐가 틀렸는지도 모르니 오히려 거리낌 없이 말할 수 있고, 틀린 부분을 지적받고 자신감 잃을 일도 없으니 되는 대로 더 많이 시도해보지 않겠어요? 무엇보다 '시도'라는 게 중요하잖아요. 그래서 초반의 혼잣말 연습이 일본어에 더 자주 노출될 수 있는 기회가 되었구나 싶습니다.

"일본어로 혼잣말해보세요." 이렇게 권해도 무턱대고 혼잣말을 한다고 생각하면 막막하기만 하실 거 잘 알아요. 영어 연습 중에 '프리토킹'이라고 하는 그런 건가 싶어서 어려울 거라고 지레짐작하시겠죠. 그런데 그런 복잡한 연습을 하라는 게 아닙니다. 별거 없어요. 지금 여러분도 많든 적든 한국말로 혼잣말을 하며 살고 계시잖아요? 양말을 찾을 때나, 외출 전 어떤 옷을 입을지 고민할 때나, 화장할 때 등등 멜로디를 붙여 하는 혼잣말을 그냥 일본어로 바꾸라는 말씀이에요. "양말이~ 어디 있나~"를 오늘부터 "쿠츠시타~ 도코니~ 아루노~"로 바꿔보세요. 문법? 맞을 필요 없어요. 단어? 조금 틀려도 돼요. 어차피 나밖에 안 들어요. 언어는 자신감이니 일단 뱉는 연습을 하는 게 중요해요. 맞고 틀리고를 따지는 건 그 후에 해도 늦지 않습니다. 그마저도 어렵다면 일본인들이 흔히 하는 리액션이라도 따라 해보세요. "에에~?", "히에에엑~!!", "스게에~~" 하는 감탄사 말이에요.

공부가 아니라 게임처럼, 재미 삼아 해볼 수 있도록 제가 써본 여러 가지 '혼잣말 기법'을 알려드릴게요. 여러 상황에서 이 방법들을 사용해보세요. 첫 번째는 '나 홀로 라디오 게스트 되기' 방법입니다. 내가 좋아하는 성우 라디오의 초대 게스트가 된 것처럼 말해보는 거예요.

- STEP 1 유튜브에 [좋아하는 애니 이름+라디오]를 검색한다.
- STEP 2 자막이 달려 있는 영상이 있다면 재밌게 감상한다.
- STEP 3 질문 코너나 게스트에게 질문이 있을 때, 멈춘다.
- STEP 4 나라면 뭐라고 대답할지 생각해본다.
- STEP 5 내가 그 게스트인 것처럼 질문에 대한 대답을 만들어 입 밖으로 뱉어본다.
- STEP 6 머릿속에서 문장이 완벽하게 만들어지지 않아도, 이 문법이 맞는지 확신이 없어도 그냥 뱉어본다. 어차피 보는 사람이 아무도 없기 때문에 자신감을 가지고 뱉는다.
- STEP 7 반복한다.

두 번째는 '나 홀로 백만 유튜버 브이로그 찍기' 방법입니다. 구독자 백만 유튜버가 되었다고 생각하고 여러분의 일상을 일본어로 중계하는 거예요.

- STEP 1   설거지나 청소, 요리 등 각종 집안일을 시작한다.
- STEP 2   마치 유튜버가 된 것처럼 일본어로 현 상황을 중계한다.
- STEP 3   예를 들어 요리 중이라면 만들 요리 소개, 재료 설명, 레시피 설명 등을 머릿속으로 떠올린다.
- STEP 4   그걸 그대로 입 밖으로 뱉는다.
- STEP 5   중간중간 재료 이름을 모르거나 문장이 막히면 바로 번역기를 켜 확인한다.
- STEP 6   확인해서 만든 문장을 편집점이 있는 것처럼 다시 자연스럽게 말하면서 요리를 진행한다.
- STEP 7   공부, 메이크업, 운동 등 브이로그로 만들 수 있는 모든 일에 적용해본다.
- STEP 8   반복한다.

일본어 실력이 어느 정도 쌓이면 실제로 촬영한 후 모니터링을 해볼 수도 있겠지만, 시작하는 단계에서는 영상을 찍으면 되레 자신의 서툰 모습을 확인하고 자신감이 꺾일 수 있으니 그냥 방송을 한다는 콘셉트만 가지고 마음껏 말해보도록 해요. 전혀 어렵지 않아요. 보는 사람 없으니 남 눈치 보지 말고 그냥 뱉어봅시다!

마지막으로 아무리 그래도 좀 실용적인 주제로 연습하고 싶은 분들을 위한 '나 홀로 면접 완전 정복'이에요. 무한 경쟁 사회를 살아가는 한국인이 가장 잘하는 것이 바로 면접 준비가 아닐까요? 열심히 갈고닦은 취업 스킬을 일본어로 바꾸기만 해보는 겁니다.

- STEP 1) 일본에 갔다고 가정하고, 어떤 일을 하고 싶은지 생각해본다.
- STEP 2) 그 직장의 면접을 본다고 가정한다.
- STEP 3) 한국인 취준생, 입시생 특기인 면접 예상 질문을 떠올린다.
- STEP 4) 그게 어렵다면 검색창에 '일본어 알바 면접'이나 '일본 취업 면접 후기' 등을 검색해서 예상 질문을 살펴본다.
- STEP 5) 우선 내가 면접관이 되었다 생각하고 예상 질문을 일본어로 뱉어본다.
- STEP 6) 그리고 나로 돌아와 질문에 대한 답변을 생각한다.
- STEP 7) 그대로 입 밖으로 뱉어본다.
- STEP 8) 반복한다.

혼잣말 기법은 실제로 일본에서 워홀이나 유학, 취업을 할 때도 도움이 될 수 있어요. 입 밖으로 가장 현실적인 일본어를 내뱉을 수 있는 기회죠. 당장 일본에 가지 않더라도 외국어로 면접 준비를 해보는 경험은 다른 방면으로도 너무나 가치 있고 도움이 될 거예요.

무엇보다도, 지금 단계에서 이 연습의 목적은 자신감 기르기임을 잊지 마세요!

6.

덕후와 크리에이터는 종이 한 장 차이

計画通りにいかないから人生なんだ。

ケーカクドーリニ イカナイカラ 진세-난다

계획대로 되지 않으니까
인생인 거야!

- 〈짱구는 못 말려〉 중에서 -

혼자 시작하려는
사람들을 위하여

이 책을 읽고 계실 여러분 중 많은 분들이 제 유튜브 채널을 통해서 저를 알게 되셨겠죠? 하지만 제가 처음부터 일본어를 주력 콘텐츠로 내걸고 시작했던 건 아닙니다. '반드시 전업 크리에이터가 되겠다'는 포부를 품었던 것도 아니에요. 이번엔 그저 덕질로 시작했던 일본어가 평범한 취준생이었던 저의 진로와 이후 커리어에까지 영향을 줄 만큼 존재감이 부쩍 커지게 된 과정을 한번 이야기해볼까 해요. 그 과정을 이야기하다 보면 저의 인생 이야기도 좀 하게 될 것 같아요.

막 유튜브를 시작한 저는 대학교 홍보대사 및 일상과 관련된 브이로그를 올리며 크리에이터로서의 감각과 노하우를 조금씩 익혀가고 있었어요. 그러다 제 일본어가 어느 정도 궤도에 올랐다는 생각이 들 무렵 일본어 독학 회화 공부법부터 JLPT 공부법, 추천 문제집 등 일본어 학습과 관련된 이런저런 팁 영상을 하나둘 올리기 시작했죠.

일본어에 대해 이야기할 때 제가 늘 하는 말이 있습니다.

"저는 제 일본어가 완벽하다고 생각하지 않아요."

이 책을 시작할 때도, 유튜브를 시작했다는 이야기를 할 때도 그랬지만 제 채널에 일본어 독학 공부법 영상을 처음 올릴 때도 이 말을 했어요.

이렇게 말했던 데는 여러 가지 이유가 있죠. 일본어 독학자들이 으레 정석처럼 거치는 공부법을 소개하지 않고, 대학에서 일본어를 전공하지도 않았고, 학원을 다니지도 않았고, 인터넷 강의를 듣지도 않았고, 공부할 때까지는 일본에서 살지도 않았기 때문이에요.

그렇지만 바로 그렇기 때문에, 사람들에게 '그래도 이 정도는 할 수 있다'는 것을 알려주고 싶었어요. 저처럼, 어학 공부의 정석을 따르지 않고도 일본어로 원하는 것을 해보고 싶은 사람들에게요.

그 무렵 제 일본어는 제가 생각하기에 '이 정도면 일본인과 대화할 때 의사 전달과 이해에 큰 문제는 없겠다' 정도였던 것 같아요. 즉, 회화가 어느 정도 틀을 갖췄을 때라고 할 수 있겠네요. 전화 어플로 일본인과 통화하면 모두가 일본어를 잘한다는 말을 건네 왔고, 예전의 저라면 지금의 회화 실력을 부러워했을 거라고 느껴지는 수준이 된 것 같거든요.

그래서 제로 베이스 상태로 일본어 독학을 시작하려는 사람에게 '딱 이 정도까지는 어떻게든 된다!'를 설명해주고 싶었어요. 거창하지 않게 그냥 '다른 거 다 없이! 이만큼만 하면 딱 이 정도 회화는 가능하다!'라는 걸요. 그런 마음으로 유튜브에 일본어 영상을 올리기 시작했습니다.

채널을 운영하며 대학 생활을 이어가던 어느 날, 홍보대사 활동의 담당 선생님께서 연락을 주셨어요.

"○○언론사에서 인턴 관련 연락이 왔는데 너를 추천했다."

"네???"

선생님은 제가 홍보대사 활동을 시작한 초반부터 아나운서 일이 제게 잘 어울릴 거라고 권해주신 분이셨어요. 아무래도 대학교 홍보대사의 주된 일이 입학 설명회 프레젠테이션이다 보니 제가 발표하는 모습을 보고 그렇게 생각하신 것 같아요. 그렇지만 꽤 갑작스러운 소식이기는 했어요.

"이번에 그 언론사가 인턴을 구하면서 우리한테 추천할 만한 학생이 있는지 문의했는데, 아나운서와 리포터 역할이 가능하면서 크리에이터 소양이 있는 학생이면 좋겠다고 하길래 너를 추천했어."

선생님께서는 아나운서와 관련된 소양이 있어 보이고 유튜브까지 운영 중인 저를 적합하다 생각해 추천해주셨던 거예요. 이제 4학년 1학기에 접어들어 슬슬 취업 활동을 시작할 때가 된 저로서는 좋은 경험이 될 것 같아 인턴에 도전해보기로 했어요.

'법학 전공이라더니 웬 아나운서?'라고 생각하실지도 모르겠네요. 저 역시 전공이 법학이니 막연히 법과 관련된 직업에 종사하게 되지 않을까 생각했지만 그건 정말로 막연한 생각일 뿐이었어요. 대학을 졸업한 후 무엇이 되겠다, 무엇을 하겠다고 결정을 내리지는 않았거든요.

인생의 모토라고 하면 거창하지만, 지금 와서 되돌아보면 제 삶의 태도는 이 한마디로 설명할 수 있을 것 같아요.

흘러가는 대로 살자.

현재에 충실하게 사는 것이 가장 중요하다고 생각하기 때문이에요. 그래서 대학 시절에도 그저 '당장 눈앞에 놓인 일들을 열심히 해결해나가자'라는 생각으로 매일을 살았던 것 같아요. 수업이 시작되면 열심히 수업 듣고, 과제가 나오면 좋은 점수를 받기 위해 과제를 열심히 하고, 시험 기간이 되면 밤을 새워가며 공부하고요.

커리어,
일단 보이는 길로 가볼까?

일본어도 마찬가지였죠. 재미있어서 열심히 애니를 보고, 성우 라디오가 검색되니까 또 열심히 들어보고, 히라가나와 가타카나도 외워보고, 이런 콘텐츠를 만들면 좋겠다 싶으면 바로 구성해서 찍고….

미래에 대해 크게 생각하지 않았지만, 하루하루 충실하게 살아가다 보니 그 하루들이 기회를 만들어 제게 보내준 것 같았어요. 그래서 이번에도 흘러가듯 가볍게 그 기회를 잡아봤던 거죠.

성공하려면 보통 '궁극적인 목표'를 확실히 정하고 계획을 짜서 목표를 향해 착실히 나아가는 게 중요하다고들 하죠. 물론 맞는 말이고, 그것도 성공하는 효과적인 방법일 거예요. 하지만 그 '궁극적인 목표'를 뭘로 정해야 할지 모르는 사람도 꽤 많을 거라 생각해요. 그래서 '나는 꿈도 없어' 하고 고민할 거고요. 저 역시 그런 사람이기 때문에 자신 있게 말씀드리고 싶어요.

꿈이 없어도 크게 걱정할 필요는 없어요.

인생이란 풀이 우거진 숲속을 걸어가는 거라고 생각해요. 지금 당장 뭔가를 찾는 게 아니라면 길도 안 보이고 어디로 가야 할지 막막하겠지만, 자신이 있는 위치에서 당장 앞을 가리고 있는 풀만 쳐내면서 앞으로 가는 데 집중하다 보면 차츰 눈에 띄는 풍경들이 나타나고 기회들이 보이고, 언젠가 넓게 트인 큰 길이 보일 것이라고 말씀드리고 싶어요.

저 역시 앞에 자라난 풀을 베어내고 보니 언론사 인턴이라는 길 하나가 보였던 거죠. 선생님께서 해주신 '추천'이라는 것은 입사가 확실히 보장되는 것이 아니라 '이런 애 있는데 어때?' 정도라서 이력서도 면접도 정말 열심히 준비했고, 그렇게 서류 평가와 두 번의 면접을 거쳐 다행히 합격하게 되었어요.

이렇게 4학년 2학기부터 언론사 인턴을 시작하게 됐죠. 그때 했던 대표적인 일은 지역의 핫한 토픽을 소개하는 영상 제작이었어요. 대본을 작성하고, 인터뷰이 등을 섭외하고, 새로운 영상을 기획하는 일이 주 업무였어요. 말하자면 취재 기자 겸 리포터로 일하게 된 건데, 전공과는 전혀 관계없지만 제 성정 자체가 앞에 나서서 이야기하는 것을 좋아하다 보니 하면 할수록 제게 맞는 일이라고 느꼈어요.

반년간 보도와 방송 관련 다양한 일들을 접하고 인턴 활동도 끝날 때가 되었지만 언론사에서 그간 제 활동을 높이 평가했는지, 정직원 기자로 특별 채용이 되었어요. 기자가 된 후에도 인턴 때와 비슷하게 아나운서, 리포터 일을 메인으로 하며 기사도 쓰고, 섭외도 하고, 대본도 작성하고, 기획도 하고 또 일본어가 가능하다는 이점을 활용한 콘텐츠도 만들었죠. 그저 좋아서 해온 일본어가 업무에도 도움이 되니 상당히 보람을 느꼈어요. 1년 반 정도 언론사에서 일하는 동안 유튜브 채널 운영도 취미로 계속해나갔어요.

일본어 탑재 후 만나러 갑니다, 나 홀로 도쿄!

    2022년 10월, 코로나 때문에 실시했던 출입국 규제가 완화되기 시작했어요. 드디어 일본 여행을 갈 수 있게 된 거죠. 일본어 한마디 해보겠다고 택시 기사님께 상황에 어울리지 않는 건방진 인사를 건넸던 저의 첫 일본 여행이 엊그제 같은데, '일본어를 할 줄 아는 상태로 일본에 가면 얼마나 더 재밌을까?'라는 생각으로 목이 빠져라 기다려온 여행을 드디어 갈 수 있게 된 거예요. 저는 이날만을 기다리며 고심 끝에 5박 6일의 일정을 완성했고, 고이 모아둔 소중한 연차를 줄줄이 이어 붙여 홀로 도쿄로 떠났어요.

    일본어를 할 수 있게 되고 나서 처음 떠난 일본 여행! 이

5박 6일은 일본어를 모를 때와는 너무도 다른 시간이었어요. 물론 일본어를 모를 때도 예쁜 것들을 보고, 맛있는 음식을 먹고, 일본에서만 가능한 색다른 체험도 하며 충분히 즐거웠었죠. 그렇지만 일본어를 구사할 줄 알게 되자 경험이 질적으로 완전히 달라졌어요. 목을 270도나 돌릴 수 있다는 올빼미처럼 볼 수 있는 범위가 엄청나게 넓어진 느낌이었죠. 전에는 분위기가 멋져 둘러보고 싶은 식당이 있어도 간판을 읽을 수가 없어 어떤 요리를 파는 식당인지도 몰랐지만, 이제는 간판은 물론 메뉴까지 읽을 수 있잖아요. 길을 헤매거나 모르는 길이 나오면 휴대폰을 들여다보면서 이 길이 맞나 대조해보느라 끙끙거리는 게 아니라 바로 지나가는 일본인을 붙잡고 길을 물어볼 수도 있고요.

　말이 조금 통한다는 것만으로도, 일본이라는 새로운 세계에 뛰어들어 함께 어우러져 생활하고 즐길 수 있었던 거예요. 홀로 이자카야 거리에서 술을 마시다가 우연히 현지인들과 말을 트기도 하고, 그들과 친해져 더 다양한 이야기를 나누고, 가볼 만한 곳들을 추천받기도 했죠. 현지인과 대화할 수 있으니 인터넷으로는 얻기 어려웠던 생생한 현지 정보들이 저절로 손에 들어오더라고요.

그렇게 되니 남들과 똑같이 유명한 관광지나 맛집만 순례하는 여행으로 그치는 게 아니라, 조금 더 색다른 체험도 가능해졌어요. 이를테면, 제가 평소 매우 동경해온 일본 문화 체험 활동이죠. 그게 뭐냐고요? 바로 축제예요! 배경이 현대인 애니메이션이라면, 학교 축제나 지역 문화제 같은 축제가 적어도 한 번은 나올 거예요. 애니를 보면서 이런 축제를 체험해보는 것이 제 마음속 로망으로 자리 잡았어요.

원래는 고등학교 문화제에 가보고 싶었지만 코로나가 창궐한 시기였기에 외부인 출입이 가능한 곳도 많이 없었고, 고등학교 문화제는 대부분 9월에 열리는지라 시기도 조금 맞지 않았어요. 그런데 여행 전에 방송에서 현지 축제에 가고 싶다고 이야기했더니 한 일본인 구독자분이 대학교 축제는 이 시기에도 종종 있다고 말씀하시는 게 아니겠어요? 조사해보니 도쿄에 위치한 메지로대학교에서 마침 제 여행 기간 중에 문화제가 열린다는 걸 알게 됐어요. 게다가 외부인 출입도 가능!

일본의 대학교 캠퍼스는 한국에 비해 크기가 조금 작은 편이에요. 도쿄에서 하나의 큰 부지를 확보하기 어려워서라는데, 그래서 대학교 대부분이 부지를 잘게 쪼개 여러 캠퍼스를 둔다고 해요. 메지로대학교도 실제로 가보니 한국 대학교에 비해 좀 작다는 느낌이 들긴 했지만, 고등학교보다는 크고 교내가 잘 꾸며져 있어 애니나 드라마 속 학교에 온 듯한 기분이 들었어요. 코로나 때문에 애니 속에 등장하는 포장마차 같은 노점은 금지되었고 실내 공간에 꾸민 부스 중심으로 축제가 진행되고 있었어요. 이 점이 애니에서 보던 것과 달라 조금은 속상했지만 그래도 건물 내부 곳곳에 있는 부스의 모습은 로망 속의 일본 축제와 똑같았어요.

작은 공기 풀장에 둥둥 떠 있는 목욕용 장난감 공들을 국자로 뜨는 게임도 있고, 물풍선을 종이 낚싯대로 건지는 게임 등등 애니에서 본 그대로였어요. 게임 몇 개를 즐기고 캠퍼스 내부를 돌며 둘러보니 코스프레를 한 학생들이 눈에 띄어요. 코스프레도 일본 느낌이 물씬 나는 문화 아니겠어요. 말을 걸어보니 스탬프 랠리에 참여해달라고 하더라고요. 이렇게 각종 코스프레를 한 학생들을 찾아 스탬프를 받으면 선물을 증정하는 이벤트였어요. 그런데 복장이 특이한 사람들이 좀 많아 누가 코스프레 이벤트 중인 학생이고 누가 그냥 관람객인지 구별이 안 가서 몇 번이나 일반 관람객에게 말을 걸고 말았어요. 그래도 잘못 알아본 상대방과

한바탕 웃기도 하고 몇 마디 대화를 나누기도 했어요. 결국 스탬프를 다 채우지는 못했지만, 이마저도 제 로망이었던 일본 축제를 한껏 맛본 즐거운 추억이 됐네요. 일본인 구독자에게서 정보를 얻지 못했다면, 설령 여행 중에 우연히 축제를 발견했어도 일본어를 몰랐다면 이런 경험은 해보지 못했겠죠.

◀ 메지로대학교 축제의 기억

알고리즘의 간택이 불러온
상상도 못한 결과

 이 도쿄 여행은 시간이 지나도 잊을 수 없는 경험이 됐어요. 이 여행을 학수고대했기에 한 달도 더 전에 이미 유튜브에 올릴 영상 구성까지 마쳐놓았죠. 여행 즐기랴 영상 촬영하랴, 5박 6일은 눈 깜짝할 사이에 흘러갔어요.

 여행은 제가 계획한 대로 마쳤지만, 그 이후 상상도 못한 일이 벌어졌어요. 여행에서 돌아온 날 바로 편집해서 올린 도쿄 여행 브이로그 1편이 유튜브 알고리즘의 선택을 받은 것입니다.

그 당시 제 채널 구독자 수는 9,000명 정도였고, 조회 수가 가장 많이 나온 영상이 10만 뷰가 조금 넘는 정도였는데, 그걸 한순간에 뒤엎을 정도로 영상 조회 수가 치솟았어요. 3일이 지나자 새로운 구독자 수가 지난 2년 동안 모인 구독자 수를 따라잡았어요. 그야말로 하루아침에 엄청난 주목을 받아버린 거예요.

이 영상이 갑자기 알고리즘을 타게 된 이유가 뭘까요? 제가 궁금해할 줄 알고 있었다는 듯, 가장 많은 '좋아요'를 받은 댓글이 명쾌하게 설명해주었어요.

> 이 영상이 대박난 이유
> 1. 다른 브이로그와는 다르게 현지인과의 대화가 종종 있음
> 2. 리액션이 굉장히 좋음 나까지 기분 좋아짐
> 3. 센님이 이쁨
>
> 👍 1.1천   👎   ❤️   답글

그중 1번으로 적어주신 내용이 제 예상의 핵심을 관통하고 있는 것 같았어요. '현지인과의 대화가 종종 있음'이 이 영상의 매력이라면, '일본어를 할 줄 아는 한국 여행자의 일본 여행'이 시청자들에게 재미있고 볼 만한 콘텐츠로 다가

갔다는 뜻일 테니까요. 이 댓글을 보고 브이로그 따로, 일본어 공부 따로가 아니라 둘이 합쳐졌을 때 큰 시너지가 생길 수 있겠구나 싶었어요.

'이게 하나의 콘셉트가 될 수도 있겠다.'

여세를 몰아 구독자가 유입되는 흐름이 더 원활해지도록 남은 도쿄 여행 영상들도 이 콘셉트에 맞추어 편집해 공개했어요. 이 일을 계기로, 하고 싶은 것을 중구난방 다 올리던 제 채널은 방향성을 정하게 됐어요. 이것이 지금 여러분이 알고 계시는, 일본 관련 콘텐츠 전문 '센님' 채널의 시작입니다.

그냥 재밌어서 본 애니 덕분에 일본어를 할 수 있게 됐고, 일본어 능력이 유튜브 '떡상'이라는 결과까지 안겨줬어요. 이것이 바로 '덕질이 밥 먹여준다'의 실례 아닐까요?

새롭게 나타난 길,
일본어 크리에이터

유튜브가 조금 떡상했다고 회사를 그만둘 수는 없는 일. 회사는 그대로 다니며 여전히 취미 차원에서, 하지만 새로 정한 콘셉트에 맞춰 유튜브를 운영하다 보니 뜻밖의 새로운 기회가 찾아왔어요. 일본 방송국인 아사히TV에서 제 채널을 보고 저를 리포터로 섭외하고 싶다는 제안을 해 온 거예요. 〈타비사라다(旅サラダ)〉라는 여행 프로그램에서 한국 편을 기획 중인데 진행을 맡을 현지 리포터로 출연 가능하냐는 것이었어요.

알고리즘을 탄 후부터 일본 구독자 유입이 늘어나고 있었기 때문에 영상에 일본어 자막도 꼬박꼬박 넣기는 했지만 주로 한국 구독자들을 염두에 두고 활동했기에 일본에서, 심지어 방송국에서 협업 제의를 받을 줄은 몰랐어요. 리포터는 제가 본업으로 하고 있던 일이기도 하고, 일본어로 진행한다는 점에서 굉장히 색다르고 흥미로운 일이라고 생각해 회사에 허락을 받고 제 연차를 사용해 촬영을 하게 됐어요. 9일간의 한국 로케 촬영은 정말 즐거웠고, 너무나 많은 것을 배운 시간이었어요.

일본인들과 본격적으로 대화하는 건 사실상 처음이기도 했고, 취미가 아니라 업무 관련 대화이기 때문에 그 전과는 사뭇 다른 경험이었어요. 방송 제작진과 나누는 대화가 네이티브 일본인의 어휘를 접하는 기회가 되었던 거죠.

일본어를 다루는 콘텐츠를 만들다 보니 그간 일본인 구독자들도 어느 정도 봐주셨는데, 도쿄 여행 브이로그를 올리고 나서부터 일본인 구독자가 본격적으로 눈에 띄게 늘었어요. 제가 매주 진행하는 라이브 방송에 일본인 시청자들의 댓글 참여도 크게 늘어나기 시작했고요. 댓글들을 일본어로 읽고 대답하는 과정은 결국 여러 원어민과 나누는 일본어 대화였고, 날것에 가까운 현실적인 대화와 어법, 단어를 접하니 회화 실력도 한 단계 상승했어요. 빠르게 올라가는 채팅을 읽기 위해 빠르게 읽는 버릇이 생기고 일본어 글을 읽는 속도도 더 빨라졌고요.

==재미로 일본어를 하는 사람들에게 조금이라도 도움이 될까 싶어 제가 늘 말하듯 '완벽하지 않은' 일본어로 시작한 콘텐츠가 어느덧 제 채널의 확실한 주역이 되었어요. 그뿐만이 아니에요. 사람들에게 약간의 팁을 주려고 시도했던 일이 도리어 제게 일본어 실력을 더 갈고닦는 기회를 가져다주기까지 했어요. 한국과 일본, 양쪽 구독자들의 관심과 함께요.==

유튜브 활동을 통해 얻은 것이 너무 많지만, 쉽고 즐거운 일만 있다고 하면 거짓말일 거예요. 시청자가 늘어나니 어쩔 수 없이 좋지 않은 관심도 늘어나더라고요. 알고리즘을 탄다는 것은 달리 말하면 나 또는 이 주제에 관심 없는 사람에게도 노출된다는 뜻이다 보니 예상치 못한 악플도 늘어났어요. 그렇지만 이 부분은 남 앞에 서는 직업을 택하면 불가피하게 따라올 것이라고 어느 정도 각오하고 있었기에 그렇게 충격적이지는 않았어요. 그렇지만 주변에서 던지는 곱지 않은 말이 제 귀에 조금씩 들려올 때는 씁쓸한 감정도 들더라고요. "자기가 좋아하는 일본 여행 하면서 맛있는 거 먹고 노는 거 그냥 올리고 편하게 돈 버네, 나도 유튜브나 할까?" 이런 말을 들을 때면 잠시 생각에 잠겨 주변을 돌아보게 되기도 해요.

물론 겉보기엔 그럴지도 몰라요. 하지만 좋아하는 것이 일이 되고 그 일을 계속 스스로 이끌어가야만 하는 상황이 되고 보면, 현실이라는 게 또 그렇게 만만하지는 않잖아요? 조회 수, 구독자 수라는 수치 하나로 나의 모든 것이 결정되는 기분이 들기도 하죠. 마치 나의 순위가 머리 위에 붙어 있는 상태로 매일매일 전력 질주 하는 그런 기분. 어떨 땐 이 느낌이 조금씩 제 목을 옥죄는 것 같기도 해요.

그렇지만 이렇게도 생각해요. 힘들지 않은 일이 없는 이 세상에서 그래도 '이 일을 할 때가 가장 즐겁다'라는 마음으로 살아갈 수 있으니 잘 살고 있는 게 아닌가 하고요. 이런 생각이 들 때는 재미로 시작했던 '덕질 일본어'가 저를 얼마나 멀리까지, 동시에 얼마나 흥미롭고 보람찬 곳까지 데려왔는지도 실감하곤 해요.

이 일 덕분에 즐거운 매일매일을 살아갈 수 있음에 감사하고, 저를 봐주시고 응원해주시는 분들에게도 감사하는 마음을 가지게 돼요. 감사의 마음이 느껴질 때는 '이렇게 행복한 삶이 없다'는 생각마저 든답니다. 이런 감각이야말로 숨 막히는 현대 사회를 사는 우리에게 가장 필요한 것이 아닐까요?

회화, 무엇보다 자신감을 연습하세요

앞에서 추천한 '애니메이션으로 듣기 연습'이나 '혼잣말 연습' 등 혼자 하는 연습을 해보셨다면 이제 어느 정도의 일상 회화는 하려고만 한다면 할 수 있다고 생각해요. 하지만 아무래도 전화 어플리케이션으로 일본인과 대화하는 것까지는 엄두가 나지 않으시는 분들이 있을 거예요. 현지인과 대화하려고 하면 일본어라는 계단을 또 한 칸 어렵게 올라가야만 하는 느낌이 드는 건 어쩔 수 없겠죠.

저는 혼자 여행 다니는 영상도 찍고, 주기적으로 이자카야에 가서 혼술을 하며 현지인과 대화하는 영상을 올리는데요. 그때마다 '친화력 미쳤다', '커뮤력이 발군이다', '대화 진행력이 좋다' 같은 댓글이 많이 달립니다. 제가 말하는 걸 좋아하기는 하지만 타고난 건 아니고, 다 어느 정도 노력에 의해 만들어진 거랍니다. 그럼 어떻게 하면 여러분도 이런 말을 들으며 유창하게 대화할 수 있을까요? 회화에서 많이 쓰이는 표현을 더 많이 연습하면 될까요? 그것도 맞지만 더 중요한 것이 있어요.

바로 자신감입니다.

다름 아닌 자신감을 연습해야 한다고 생각해요.

일본어 이야기를 하면서 벌써 몇 번이나 자신감을 강조하는지 모르겠네요. 그만큼 중요해요. 언어는 자신감입니다.

시험 문제를 풀 때는 누구보다 일본어를 잘하는 사람이 현지인 앞에선 그 역량을 발휘하지 못하는 이유를 생각해보곤 하는데, 이런 이유들 때문인 것 같아요.

- 내가 할 말이 문법적으로 틀리지 않았는지 걱정돼서

- 일본인들이 생활에서 실제로 쓰는 단어인지 확신이 없어서

- 내가 말했을 때 현지인이 못 알아들을까 봐 두려워서

- 말을 뱉었는데 상대가 못 알아들은 반응을 보여서

- 낯선 사람에게 외국어로 말하려니 도저히 입이 안 떨어져서

이런 이유들을 가만히 들여다보면 실력과는 관계없는 '감정'의 문제라는 사실을 알 수 있습니다. 일본어를 잘 못하는 내 모

습이 '부끄럽고' 그 모습을 보이기 '두려운' 거예요. 자신감만 받쳐준다면 다 해결될 문제입니다. 내가 자신감이 부족하다고 생각한다면, 자신감도 연습해서 키우겠다고 생각을 바꾸는 것부터 시작해보세요. 자신감도 연습하면 커집니다. 정말이에요.

자신감을 떨어트리는 작은 목소리들을 하나하나 반박하면서 연습해볼까요?

"내가 할 말이 문법적으로 틀리지 않았는지 걱정돼."
"문법 시험도 아니잖아. 뜻만 전달하면 돼!"

문법이 틀리면 뭐 어떻습니까! 회화라는 건 의사소통을 위한 거잖아요? 맞고 틀리고를 따지는 시험이 아니에요. 회화에서는 문법 조금 틀렸다고 전하고자 하는 바가 전달되지 않는 일은 잘 없어요. 그래서 저는 초급 단계에선 문법에 구애받지 말고 어휘 위주로 공부하기를 권한답니다. 문법으로 잘 엮으면 뜻이 더 잘 통하겠지만, 일단 전하고자 하는 내용을 어휘로만 대강 표현해도 의사소통은 되니까요.

"일본인들이 생활에서 실제로 쓰는 단어인지 확신이 없어."
"일본인도 사전에서 본 적 있는 단어일걸!"

사전에서 뜻만 찾아 익힌 단어가 실제 회화에서는 잘 쓰이지 않을 때도 있겠죠. 그래서 앞서 다양한 장르의 애니를 보며 여러 가지 상황에서 나오는 어휘를 익히라고 권했던 거랍니다. 하지만 정말 일상적으로는 쓰지 않는 단어라 해도 상대는 나보다 일본 문화에 정통한 현지인! 단어의 뉘앙스나 뜻은 알고 있을 가능성이 높으니 걱정하지 말고 일단 뱉으세요.

"내가 말했을 때 현지인이 못 알아들을까 봐 두려워."
"상대방이 나보다 일본어를 훨씬 잘하니까 걱정 마!"
어차피 상대도 내가 외국인이라는 걸 알고 있어요. 우리도 외국인이 서툰 한국어로 뭔가 물어보려고 하면 최대한 잘 듣고 이해하려 노력하잖아요? 반대의 경우도 마찬가지입니다. 나보다 일본어를 훨씬 잘하는 원어민이 최선을 다해 알아들으려 노력할 거라고 믿고 말해보세요.

"말을 뱉었는데 상대가 못 알아들은 반응을 보였어…"
"그럼 한 번 더 말하지, 뭐."
외국인이 말하는 일본어니 당연합니다! 못 알아듣는 게 어찌 보면 당연해요! 한 번 말하고 상대가 못 알아들었다고 스스로 기가 죽는 일만은 없도록 해요. 상대가 갸웃거리는 반응을 보여도 개의치 말고 천천히 또박또박 다시 말해봐요. 조금 다르게 표현해봐도 좋고요. 아니면 아예 번역기를 돌려서 그걸 그대로 읽어도 됩니다.

"낯선 사람에게 외국어로 말하려니 도저히 입이 안 떨어져."
"아무 말이나 일단 뱉어. 안 되면 보디랭귀지를 동원해!"
내성적이고 말수가 적은 분들이 있죠. 그런 성격이라면 낯선 외국인한테 심지어 외국어로 말하기가 물론 어려울 거예요. 특수한 경우가 아니고서야 평소 일본인은 물론 외국인 자체를 만날 기회가 많지 않으니 긴장되는 건 당연합니다. 그런 분들은 말하기 연습을 할 때 '유창해지기'보다는 '긴장감 없애기'를 연습하는 거라고 생각해보시면 어떨까요? '난 원래 말하는 게 서투니까'라며 듣기만 하고 말하기 연습을 하지 않으면, 긴장으로 입이 안 떨어지는 괴로운 상황에 부딪칠 일이 더욱 많아져요. 그러니 실제 상황에서 마음 가볍게 말할 수 있도록 연습할 때도 마음 가볍게 입 밖으로 내뱉는 습관을 들여둡시다.

모든 건 결국 자신감만 있으면 해결됩니다.

'내가 외국인인데 일본어가 완벽하지 않은 게 당연하지, 어쩔 수 없잖아?'

이 마인드만 가지고 있으면 무서울 게 아무것도 없어요!

7.

얼렁뚱땅 JLPT N1 도전기

才能は開花させるもの、
センスは磨くもの。

사이노-와 카이카사세루모노,
센스와 미가쿠모노.

재능은 꽃피우는 것,
센스는 갈고닦는 것.

- 〈하이큐!!〉 중에서 -

공부를 꼭 해야 한다면
시작은 빠르게

언어는 공부가 아니라 뭐다? 이제는 '덕질'이라고 바로 대답하실 수 있겠죠?

이 책으로 일본어 이야기를 시작하고부터 지금까지 '좋아해서 재미로'라고 마음을 세팅해야 오래 질리지 않고 계속할 수 있다고 말씀드리고 있죠. 그렇게 계속하다가도 어느 정도 실력이 쌓이면 현실적인 영역에 내 일본어 실력을 활용해야 하는 상황이 올 수 있습니다. 이를 위해 시험 같은 인증 수단에 도전해야 할 수도 있을 거고요. 그때는 정말 '공부'를 하긴 해야겠죠. 여기서 공부란 오로지 시험을 위해 교재를 펼치고 암기와 문제 풀이에 집중하는 통상적인 시험공부를 말합니다.

  이번에는 저의 일본어 시험공부가 어땠는지 들려드리고 싶어요. 그런데 사실 이 이야기는 제가 얼마나 공부를 '조금' 하고 등급을 땄는지에 대한 이야기가 될 예정이에요. 성실한 시험공부를 너무 조금 했다는 사실이 좀 부끄럽기도 하지만, 시험에도 도움이 될 만큼 덕질의 힘이 크다는 사실을 여러분들이 알아주셨으면 해요.

  때는 바야흐로 유튜브를 갓 시작하고 일본어 회화에도 어느 정도 자신감이 붙기 시작했을 때였어요. 오랜만에 유치원 때부터 고등학교 때까지 같은 학교를 다닌 소꿉친구를 만나게 되었습니다. 이 친구는 중학생 때부터 일본어를 공부했고, 결국 유학을 떠나 일본 도쿄에 있는 대학교에 진학했는데 잠시 한국에 들어왔을 때 만날 약속을 잡은 거였어요. 정말 오랜만이기도 했고 이제는 저도 일본어를 배우고 있으니 어쩐지 동질감이 느껴져 더 반가웠어요. 그래서 "나 이제 일본어 할 줄 안다?!" 하며 반쯤은 장난처럼 둘이서 일본어로 대화를 나눠봤어요. 유튜브 콘텐츠로도 좋은 아이디어 같았고 뭐든 일단 해보면 재밌을 것 같았거두요.

생각나는 대로 일본어로 뱉어보기도 하고, 친구가 내는 퀴즈도 풀고, 소꿉친구의 일본인 친구와 전화도 해봤어요. 그런데 제가 말하는 모습을 가만히 지켜보던 친구가 뜻밖의 말을 꺼냈어요.

"너 JLPT 한번 쳐보지 그래? 지금 너 정도 실력이면 N4 정도는 붙을 수 있을 것 같은데 경험 삼아 쳐봐."

JLPT 시험은 '일본어 토익'이라고 보면 되는데, N1부터 N5까지 다섯 단계로 구성되어 있어요. N1이 가장 어려운 단계이고 N5가 가장 초보 단계인데 원하는 급수를 선택해 시험을 신청할 수 있고, 1년에 2회 진행돼요. N5가 가장 초급이니까 N4는 초급 중에서도 조금 높은 정도라고 보면 될 것 같은데, 일본 유학생인 친구가 제가 N4를 딸 수 있을 거라고 하니 좀 놀랐어요. 친구라고 너무 높이 평가해주는 거 아니니? 내가 할 줄 아는 일본어는 '오타쿠 말'뿐인데?

한 번은 넘어야 했던
한자의 산

그때 제 일본어 실력은 오타쿠 베이스의 일상 회화 조금과 히라가나, 가타카나 읽기 정도가 다였죠. 히라가나와 가타카나를 읽을 줄 알아도 일본어 읽기에는 한자라는 새로운 산이 있어요. 일본에서는 대부분의 문장에 한자를 함께 쓰지만 그간 전화 통화를 하거나 애니를 보면서는 한자에 신경 쓸 일이 전혀 없었기 때문에 한자를 따로 익히려는 노력은 하지 않았거든요. 애니, 드라마 등으로 일본어 회화부터 시작한 독학러들은 다 공감할 거라고 생각해요. 하지만 인증 시험에는 당연히 한자가 나오죠. 여러모로 제가 인증 시험에서 등급을 따내기는 무리일 것 같았지만 친구는 밑

저야 본전이니까 책이라도 한 권 사 보라고 권했어요.

그런 말을 들으면 괜히 '어라? 진짜 되나?'라는 마음이 들기 마련이잖아요? 저는 팔랑귀를 나부끼며 바로 서점으로 달려가 JLPT N4 문제집을 사고 덤으로 한자 책도 하나 사 봤죠. 제 성격상 미루고 미루다 막상 닥치면 도망칠 것 같아서 바로 시험 접수부터 했어요. 어차피 책도 샀겠다, 시험은 그냥 보면 되는 거라면서요. 아직 JLPT의 문제 유형도 확인하지 않은 채 말이죠.

'마음먹은 김에 바로 해보자!'

기분 좋은 두근거림과 함께 JLPT N4 문제집을 펼쳤어요. 역시 처음에는 어휘부터 나오네요. 어려운 내용은 아닐 테니 가볍게 훑어보도록… 가볍게, 가… 볍게… 어라?

기분 좋은 두근거림도 입가에 띠고 있던 여유로운 미소도 슬그머니 사라졌어요.

"한자가 왜 이렇게 많아?!"

친구 말로는 저에게 N4 정도는 엄청 쉽고 애니메이션에서 들어본 단어만 나올 거라고 했는데 제가 읽을 수 있는 히라가나, 가타카나가 아닌 한자만 주르륵 나왔던 거죠.

언어를 계속 익히다 보면 언젠가 한 번은 이런 순간과 마주할 수밖에 없나 봐요. 드디어 '덕질 일본어'가 아닌 '공부 일본어'와 처음 대면한 기분은 낭패 그 자체였지만, 막상 머리를 싸매고 들여다보니 그리 절망적인 상황은 아니었어요. 한자 단어 위에 히라가나로 표기된 발음을 읽어보니 제가 애니메이션에서 자주 들은 단어들이 많았거든요. '그래도 덕질만 한 것 치고는 알아볼 수 있는 게 있네!' 싶어서 다시 살짝 들뜨고 '이러다 정말 JLPT까지 정복하는 걸지도~?' 하고 약간의 자신감, 아니 자만심까지 피어올랐지요. 물론 히라가나를 본 순간 바로 의미를 아는 건 아니고 마음속으로나 소리 내어 다시 한번 읽어봐야 이해할 수 있는 상태긴 했어요.

어쨌든 이제부터 덕질이 아닌 공부의 영역에 들어가는 것이었기에 즐겁지만은 않았어요. 첫날엔 호기롭게 책을 훑어보며 포부를 품었지만 차츰 문제집을 펼쳐보는 횟수가 줄어들고, 이런저런 핑계를 대며 공부를 미루기 시작했죠. '시험까지는 한참 남았으니 나중에 벼락치기 해도 되겠지', '이번 시험은 문제 경향만 살피는 맛보기로 삼고, 다음 시험에서 제대로 준비하자' 하며 미루다 급기야 '솔직히 내가 일본어로 먹고살 것도 아니고!' 하는 지경까지 가버렸답니다. 결국 아무런 준비 없이 시험 날을 맞이했어요.

이것이 덕질하며 즐기기만 하는 공부의 단점이라면 단점일 거예요. 아무 강제성이 없으니 너무도 즐겁게 빠져들 수 있지만, 강제성이 없기 때문에 스스로 목표를 세우고 노력하기 힘들다는 것. 발목 잡는 것이 아무것도 없으니 그만큼 포기하기도 너무 쉽죠. 그렇게 시험장에 앉아 피어오르는 자괴감을 자기합리화로 애써 털어내다가, 시작 종소리와 함께 드디어 저의 일본어 실력을 공식적인 시험대 위에 올렸습니다.

전반적으로 아는 문제 절반, 모르는 문제 절반인 느낌을 받았지만 어쨌든 언어지식 분야는 끝까지 풀었어요. 독해는 아무래도 힘들 거라 예상하긴 했는데, 시간이 부족해 문제를 끝까지 풀지도 못했죠. 아마 두세 장 정도는 훑어보지도 못하고 날린 것 같았어요. 그리고 대망의 청해 시간. 오타쿠 베이스로 어느 정도 듣는 귀가 트였기에 이 부분만은 과락을 받지 않을 것이라는 자신이 있었어요. 아니나 다를까, 청해는 무난하게 풀어낼 수 있었어요.

'합격은 어렵겠네…. 그래도 기적이 일어났으면 좋겠다.'

이렇게 간사하고 요망한 마음으로 결과를 기다리던 저는 진짜로 N4 합격증을 받게 되었어요. 그리 높은 점수는 아닌데 완전 턱걸이라고 하기에도 애매한… 어디 가서 자랑하긴 어려운 정도의 성적이었지만 그래도 '합격'이라는 결과가 중요한 거니까요! JLPT 시험은 점수가 얼마나 높냐를 보는 게 아니라 커트라인만 넘기면 해당 등급을 취득하는 거라 더욱 '결과만 좋으면 됐지!'라는 마인드가 된 것 같아요.

시험을 보실 분들을 위해 자세하게 설명드리자면, 물론 과락이라는 시스템도 존재합니다. JLPT 시험 문제는 언어지식, 독해, 청해 세 과목으로 나뉘는데 이 중 한 과목이라도 기준점 이하로 떨어지면 총 점수가 얼마나 높든 불합격이에요. 그래서 커트라인만 넘기면 된다고는 하지만 특정 과목만 판다고 되는 시험은 아니라는 거죠.

단계	합격점	과목별 기준점		
		언어지식	독해	청해
N1	100	19	19	19
N2	90	19	19	19
N3	95	19	19	19
N4	90	38		19
N5	80	38		19

얼렁뚱땅 합격 후 은근슬쩍 수준 올리기

 아무튼 이 기쁜 소식을 받아보고 시험을 권한 친구에게 '네 덕에 시험 신청해서 다행히 붙었다!'라는 메시지를 보내며 기쁨을 누렸죠.
 "덕질 일본어로 공부도 거의 안 하고 이 정도면 그럭저럭 성공이네!"
 첫 합격에는 운도 따라줬던 것 같지만, 어쨌든 뿌듯했어요. 이제까지는 '나 일본어 좀 할 줄 안다'고 혼자서만 생각해왔는데, 공식적인 시험을 통해 눈에 보이는 점수로 결과를 받으니 어쩐지 인정받은 기분이 들었거든요. 대학생 시절이니 나름 '이력서에 채워 넣을 내용 하나 더 늘어났다~

오예~' 하는 속물적인 마음도 있었고요.

그런데 사람 욕심이라는 게 그렇잖아요. '기왕 여기까지 했는데!' 싶은 마음에 일본어 하는 사람들은 다들 노린다는 N3에도 슬그머니 눈길을 주게 되더라고요. '별 공부 안 했는데도 이 정도면 다음 단계도 쉽게 딸 수 있지 않을까?'라는 근거 없는 자신감이 고개를 들더라고요. 살짝 검색해보니 N3 정도는 따야 '확실히 일본어 할 줄 안다'라고 인정받는 진짜 '자격증'을 얻는 거라고들 했으니까요. 이에 대해서는 사람마다 생각이 다를 수 있겠지만요.

어쨌든 새로운 목표를 세운 저는 바로 N3 문제집을 사고, 이번에도 퇴로를 없애기 위해 시험 신청부터 했습니다. 별것 아니지만 이것도 어학 공부에 상당히 도움이 되는 동기부여 방법인 것 같아요. '일본어로 무엇을 하겠다'는 큰 목표가 없어서 딱히 실력을 쌓고자 노력하지 않게 되는 사람, 즉 바로 저 같은 사람도 '몇 월 며칠에 JLPT N3 시험을 보겠다'라고 하면 확실한 목표가 생겨 계획을 세우고 노력하게 되니까요.

N3 대비 공부를 시작해야 했지만 비대면이어도 학기 중은 학기 중. 대학 시험 기간이 사라진 것은 아니기에 전공

공부도 해야 했고, 이때쯤엔 사회적 거리두기도 좀 누그러져 아르바이트와 홍보대사 활동을 하다 보니 JLPT 공부는 또 뒷전이었어요.

하지만 시험 한 달 전, 상황이 반전됐어요. 제가 드디어 일본어에서 나의 길을 찾아보리라 진지하게 마음을 먹고 N3 시험에 모든 관심과 노력을 기울이기 시작… 했을 리가 있나요. 그냥 전공 공부가 너무 힘들고 지쳐서 오히려 취미였던 일본어가 더 하고 싶어지는 상황이 되었을 뿐이에요. 동기는 매우 불순했지만, 어쨌든 이때부터 N3 공부에 전력을 쏟기 시작했어요.

◀ N3 공부는 이렇게

이제 좀 본격적으로, 나만의 N3 전략

한 달 벼락치기 공부이긴 했지만, 이번에는 저 나름의 전략 하나를 세웠어요. 바로 '어휘 중심으로 공부하기'였습니다. 저는 주로 '듣고 말하는' 방식으로 일본어와 친해졌기 때문에 '읽거나 쓰는' 경험이 상대적으로 적고 그 부분을 보강해야겠다는 진단을 내렸어요. 애니메이션을 통해 어느 정도 익힌 문법이나 청해 파트도 '글자 읽고 이해하기'와 연결시킨다면 확실히 강화할 수 있을 거란 생각이 들었고요. 그리고 JLPT 시험 특성상 어휘를 많이 알아두면 무조건 유리하거든요. 시험 문제의 70퍼센트 정도는 단어를 읽고 뜻을 알아야 맞힐 수 있는 문제들로 이루어지니까요. 어휘를 알아두면 언어지식 파트는 물론이고 뒤에 나올 독해에도 도움이 돼요. 애니 베이스로 다져진 문법이 있기에 머릿속에 단어만 탄탄하게 채워두면 문장을, 나아가 문단을 해석하는 것까지 자연히 가능해지니까요.

서점에 가보면 다양한 JLPT 문제집이 있는데, 포맷은 대체로 비슷해요. 우선 어휘들을 나열해 풀이하고, 곧바로 그 단어를 이용한 문제를 풀어보도록 구성되어 있어요. 그래서 외웠던 단어로 자연스럽게 문제까지 풀 수 있는 형식인데 저는 이 구성을 충실히 따르는 게 가장 효과적으로 느껴졌어요. 그냥 필수 단어들만 보면서 달달 외우는 것보다는 그 단어가 들어 있는 문제를 보고 풀어보는 방법이죠.

처음에는 단어를 아이패드에 옮겨 적으며 외우다가 나중에는 그마저도 시간이 아깝고 귀찮게 느껴져 문제집에 밑줄을 죽죽 그으며 외워나갔어요. 책이 지저분해지더라도 단어 위에 펜으로 따라 적어보기도 하고요. 이렇게 외워도 연습 문제를 풀어보면 당연히 한 번에 다 맞힐 수는 없어요. 그래서 1회독으로 어휘를 대충 눈에 담고 체크한 후 문제를 풀면서 다시 한번 제대로 기억한다는 느낌으로 공부하는 거예요. 이렇게 하면 문제를 맞혀도 틀려도 단어는 기억에 남게 되어 있어요. 맞히면 처음 단어를 체크할 때 뇌에 제대로 남았다는 뜻이고, 틀렸으면 왜 틀렸는지 고민하면서 다시금 확인할 수 있기에 더 강렬하게 뇌에 자국을 남길 수 있는 거죠.

저의 문제 풀이 팁이라면 팁인데, 풀면서 문제로 나온 단어 외에도 문장에 모르는 단어가 있으면 그 단어에 세모 표시를 해뒀어요. 그러면 맥락을 읽는 방법으로 그 문제를 운좋게 맞히더라도 모르는 단어를 따로 짚고 넘어갈 수도 있고, 단어장에 나오지 않은 단어도 익힐 수 있으니까요. 그리고 문제를 풀면서 제 나름 난이도를 표시해두는 습관을 들였어요. 대충 느낌으로 답은 알겠는데 무슨 내용인지 완벽하게 알지 못하는 부분에는 작대기 하나, 선택지 두 개 중에 헷갈려서 고민하다 일단 하나를 선택한 것에는 작대기 세 개, 아예 몰라서 찍은 것에는 별표, 이런 식으로요. 그럼 정답을 확인한 뒤에도 한 번 더 보며 제대로 기억할 수 있게 되고 해석을 찾아보면서 출제 유형 등도 확인할 수 있으니까요.

일단 외우고, 곧바로 문제 풀기로 활용하기.

이렇게 어휘 중심으로 공부하다가 시험이 다가올 즈음에는 전체적으로 테스트할 겸 기출 모의고사도 풀어봤죠. N4를 너무 준비 없이 치르느라 시험장에서 겪은 어려움이 은근 스트레스였는지, N3는 더 완벽하게 준비해서 치르겠다고 저도 모르게 다짐을 굳히고 있더라고요. 물론 전공 공부가 너무 하기 싫었던 것도 이 다짐을 굳건히 해줬죠.

그렇게 공부를 하다 보니 처음으로 일본어 때문에 스트레스도 받았어요. 그리고 대망의 시험 날. 처음 몇 문제를 푸는데 왠지 마음이 가벼워요.

'내가 너무 지레 겁먹었었나? 그렇게 막 어렵진 않은데?'

하지만 자만하는 순간 실수가 생긴다고 마음을 다잡으며 최대한 겸허한 자세로 시험을 마쳤어요.

결과는 기대 이상이었어요. 아쉽게 한두 문제를 놓쳤을 뿐, 거의 만점에 가까운 성적을 받은 거예요! 성적표를 보면서 생각했죠. 내가 N3를 얕보고 쉽게 생각한 것이 아니라, 이렇게 탄탄하게 준비했기 때문에 쉽게 느껴졌던 것이라고. 스트레스 받더라도 철저히 준비하길 잘했다고.

N2 공략 비결은
습관의 힘

 여기까지 읽으신 분은 혹시 이렇게 생각하실지도 모르겠어요. '이번엔 공부를 좀 하긴 했다지만 이거 너무 순조로운 거 아냐?' 그러게나 말이에요. 저도 같은 생각이었다니까요. 또 욕심이 나서 N2 시험까지 바로 신청하게 됐어요. 흔히들 얘기하는 '보태보태병'이 발동했나 봐요. 자동차 살 때 옵션을 고르면서 "돈 조금만 더 보태서 이것도 하자~" 하면서 계속 보태게 된다잖아요? 같은 맥락으로 '기왕 N3 딴 김에 조금만 더 하면 N2까지는 가능할지도?'라는 생각이었죠.

 마찬가지로 N2 문제집을 사서 훑어보니 N3에 비해 문제가 확연히 어려워진 게 느껴졌어요. N3가 중(中)의 난이도였다면 N2는 중상(中上)의 난이도인 거죠. 그렇지만 체감 난이도는 더 높았어요. N3 때도 '이야… 이게 가능할까?' 싶긴 했지만 은연중에 마음속 깊은 곳에서는 될 것 같다는 생각을 어렴풋이 했던 것도 같은데, 이번 N2는 전혀 아니었어요. 말 그대로 '이건 진짜 급이 다른데?'였던 거죠. 문제집에서는 전 단계와 겹치는 어휘보다는 그 위 단계에 가까운 어휘들이 다수 나올 거라 보고 예상 어휘를 소개하는데, 처음 보는 어휘가 많아지니 공부해야 할 내용도 큰 폭으로 늘어났죠. 그런데 4학년에 접어들어 바빴던 탓인지, 아니면 N3를 높은 점수로 붙어서 안이한 마음이 들었는지 이번에는 벼락치기조차 하지 않은 채 시험 날이 되었어요. N4를 앞둔 그때처럼, 합격 생각은 말고 경험 삼아 쳐보자며 시험장에 들어갔어요. N4 때와 똑같이, 풀기는 했지만 긴가민가한 느낌이었죠.

그런데 이게 웬일? N2도 합격해버렸습니다.

이쯤 되니 오히려 이상한 마음이 들어 생각에 잠겼습니다. 문제집을 풀며 공부하지 않고도 꽤 어려운 시험에 합격할 수 있었던 이유는 뭘까? 또 운이 좋았나? 분명 저는 문제집을 거의 들여다보지 않았어요. 하지만 당시의 생활을 되돌아보면 바쁜 와중에도 '취미 일본어'는 그 전과 다름없이 해오고 있었던 거예요. 유튜브에도 일상 브이로그 사이사이에 일본어 회화 공부법이나 JLPT N3 공부법 등을 올리기도 했고요. 그 사이 더욱 많은 일본 미디어를 접했고, 일본인 친구와 전화로 대화했고, 더 많은 단어를 뇌에 새겼으며, 더 자연스러운 문법을 알게 되어 따로 문제집은 풀지 않았지만 저도 모르는 사이에 실력이 향상되었던 거죠.

책으로 따로 '공부'하는 것보다 평소에 '습관'으로 익히는 것의 효과는 정말 강력했어요. 적어도 언어 습득에서는 말이죠.

예상보다 빨리 찾아온
N1 합격증

 습관의 힘을 실감하기는 했지만 썩 개운하게 얻은 합격증은 아니었기에 그다음 단계이자 최고 등급인 N1 시험을 당장 볼지 말지 좀 고민했어요. 'N1도 취미와 습관의 힘만으로 따낼 수 있을까?' 하지만 시험 신청부터 하는 것도 이제 습관이 되었는지 결국은 또 쫓기듯 신청부터 했죠.

 그리고… 드디어 첫 번째 좌절을 맛보게 되었습니다. N1에 보기 좋게 불합격했거든요. N1 시험은 하필이면 4학년 여름 방학 즈음에 보게 되었는데, 당시 저는 4학년 2학기에 하기로 한 인턴십 준비로 정신이 없어 시험 준비를 전혀 하지 못한 상태였습니다. 네, 사실 이런 말은 다 변명이죠. 공부를 안 했으니까 당연히 떨어질 것이고, 결과를 예상하고 있었으니 크게 속상하지는 않을 거라고도 생각했어요. 하지만 처음으로 불합격이라는 결과를 받으니 예상과는 다르게 꽤 상심했답니다. 여태껏 공부를 안 하고도 순조롭게 합격해서 그런지 내심 이번에도 그냥 붙지 않을까 기대하고 있었나 봐요.

하지만 역시 최고 등급은 호락호락하지 않네요. 포기하지 않고 다시 다음 N1 시험을 접수하며 반성의 시간을 가지기로 했어요. 전에 잠깐 펼쳐서 깨작거렸던 어휘 파트를 다시 2회독을 하고 문제를 푸는 등 준비를 시작했지만 본격적인 인턴 활동으로 공부할 시간이 굉장히 부족했어요. 그래서 시험장에서도 '세 번째, 네 번째 도전쯤엔 합격할 수 있겠지' 하고 마음을 내려놓고 시험지를 받아 들었습니다.

이번 시험은 저번 시험과 비슷한 듯 달랐어요. 첫 N1 시험 때는 정말 아무런 준비 없이 맞이한 수능 시험 같은 느낌이었어요. 이전의 다른 급수 시험들은 헷갈리거나 모르는 문제가 한 페이지당 많아야 2~3개 정도였는데 첫 N1 때는 운 좋으면 한 페이지에 아는 거 두 개, 운 나쁘면 하나, 이런 식이었어요. 그야말로 처참했죠. 그런데 이번에 받은 시험지에는 어느 정도 아는 게 있었어요. 그래도 완벽하게 다 아는 문제만 나온 느낌은 아니긴 했지만요. 어쨌든 어찌어찌 시험을 마쳤습니다. 큰 기대 없이 발표일이 다가왔어요.

결과는, N1 합격.
약간은 얼떨떨한 기분이었어요.

솔직히 말하면 전혀 붙을 줄 몰랐어요. 정말 공부할 시간이 없었거든요. 점수도 이를 반영하듯 겨우 턱걸이로 붙은 느낌이긴 했죠. 책을 펼쳐서 공부한 '순공' 시간이 몇 시간도 안 될 정도로 신경을 쓰지 못했고 시험을 칠 때도, 다 치고 나왔을 때도 그렇게 개운한 느낌은 아니었거든요. N1이다 보니 시험 내용도 일상 회화에 그치지 않고 회사의 거래 관련 비즈니스 용어부터 경제, 사회 문제, 지리 등 척 봐도 수준 높은 어휘를 사용하는 문제들이 줄줄이 이어졌고요. 솔직히 온전히 다 이해하고 푼 문제가 몇 개 있나 싶을 정도로 복잡한 시험이었어요.

공부 시간보다
중요한 접촉 시간

한 번 떨어져봐서 시험 경험은 있었지만 공부를 거의 안 했는데 어떻게 최고 등급인 N1을 덜컥 따낼 수 있었을까? 이번 준비 기간을 되짚어본 저는 한 가지 결론을 내릴 수 있었어요.

'공부할 시간은 부족했지만 '일본어 접촉 절대 시간'은 훨씬 늘어났구나.'

무슨 소리냐고요? 공부가 됐든 취미가 됐든 일본어를 사용하는 시간의 총량을 '일본어 접촉 절대 시간'이라고 불러볼게요. 마지막 N1 시험 전에 '일본어 접촉 절대 시간'이 늘어난 건 그간 꾸준히 해온 유튜브 활동 덕분이었어요.

처음에는 일상 브이로그를 주로 올리다가, N4를 위해 일본어 공부를 시작할 무렵 저처럼 애니메이션으로 일본어 독학을 하려는 사람들에게 조금이나마 도움이 되고자 '나만의 회화 독학 공부법'을 만들어 올렸는데 이게 처음으로 알고리즘을 타서 미약하게나마 조회 수가 늘어난 거예요. 그래서 일본 여행이나 일본어와 관련 없는 영상에도 일본어 자막을 달기 시작했고, 그로 인해 일본인 구독자가 아주 조금씩 유입되기 시작했어요. 그래서 가끔 진행하던 유튜브 라이브 방송에서 일본인 시청자와 대화하는 등 적극적으로 일본어로 말할 기회를 만들어 콘텐츠로 확장시키기도 했어요. 또 '하루 종일 일본어로만 말해보기!' 같은 영상을 만들면서 일본어로 말하는 경험이 더 많아진 거예요. 그러다 제 채널 '떡상'을 불러온 도쿄 여행 브이로그 이후에는 한국인 구독자는 물론 일본인 구독자도 크게 늘어났으니, 더욱 일본어로 말하는 콘텐츠를 많이 만들게 되었고요.

그러는 동안 제가 접하는 일본어 미디어의 종류가 전보다 다양해졌어요. N4부터 N1까지 거쳐 오는 동안 일본어 듣기도, 말하기도 제법 늘어 대부분의 미디어는 자막 없이도 이해 가능한 수준이 됐어요. 그래서 애니나 드라마뿐 아니라 일본인이 운영하는 유튜브 채널을 볼 수 있게 된 것이죠. 그래서 더욱 '날것'에 가까운 일본어, 유행의 최전선에 있는 일본 유튜버가 쓰는 단어, 말투, 유행어, 억양 등을 접할 수 있었어요.

일본의 유튜브는 한국의 유튜브와 달리 자막의 역할이 크고 상황 자막보다는 말 자막 제작에 신경을 많이 쓰는 편이에요. 브이로그 채널도 많지만 토크 채널이 인기가 많아서 말하는 걸 그대로 자막으로 띄워주는 영상이 많아요. 그래서 말하는 속도에 맞춰 눈으로도 일본어 문장을 확인하며 머릿속에 새길 수 있었고, 특정 단어를 한자로 어떻게 쓰는지도 바로 알 수 있었어요.

전에는 한국어 자막을 보고 일본어 발음을 유추했다면, 이제는 그 단계를 넘어 일본어 발음을 듣고 한자를 유추하는 수준이 된 거예요. 유튜버가 하는 말을 들으면서, 화면보다는 자막에 더 집중하며 '아, 이 발음에 이 뜻을 가진 단어는 한자로 이렇게 쓰는구나'를 머리에 새기고 갈 수 있게 된 거죠.

이런 토크 관련 영상들을 보다 보니 알고리즘으로 일본 뉴스 영상도 뜨기 시작했고, 뉴스를 보면서 공적인 영역에서 사용되는 풍부하고 다채로운 일본어 단어와 문법, 표현들을 알게 됐어요.

이런 경험들 덕분에 두 번째 N1 시험을 볼 때 비약적으로 발전했다고 느낀 것이 바로 독해 속도였어요. 빠르게 지나가는 일본 유튜브 자막에 익숙해져서 한자가 가득한 글을 읽어 내려가는 속도가 자연히 빨라졌고, 그 덕에 JLPT 시험 중 시간을 가장 많이 소비하게 되는 독해에서 시간을 단축하는 기염을 토한 것이죠. 게다가 뉴스 자막으로 사회, 경제, 정치 분야에서 쓰이는 한자들도 봐왔기 때문에 어휘력도 저절로 올라갔고요.

'공부하지 않기, 공부로 느끼지 않기, 덕질로 하기'를 제 일본어 생활의 지침으로 삼기는 했지만 어쨌든 제게 일본어는 외국어. 공식적인 시험대에 언젠가 한 번쯤 올라가야 했을 거예요. 당연히 공부를 해야 했을 거고요. 하지만 제가 N4부터 N1까지 취득하는 여정을 함께 따라오신 여러분은 한 가지 사실을 눈치채셨을 거예요.

'제대로 공부'한 기간이 N3 준비하는 딱 한 달뿐이었다는 것을요.

한눈에 정리하는 쌘님의 JLPT 도전기

N4	한자에 놀라다가 얼렁뚱땅 합격	합격
N3	전공 공부가 하기 싫어 도피성 집중 벼락치기로 합격 ← 유일하게 공부한 기간	합격
N2	무지 바빠서 공부를 못 했는데도 어찌저찌 합격	합격
N1 1차	첫 불합격ㅠㅠ	불합격
N1 2차	여전히 공부는 못 했는데… 네? 합격이요?	합격

    한국인 중에서 '공부 안 하고 N1을 딴 사람'의 순위를 매긴다면 저는 아마 상위 1%에 들지 않을까요? 어떻게 가능했는지는 앞에서 살펴본 '일본어 접촉 절대 시간'으로 충분히 설명될 것 같아요. JLPT 도전 이후 저의 신념은 더 확고해졌어요.

    역시 언어는 덕질이에요.

초고속
JLPT 지름길
공부법

기왕 일본어를 공부했으니 실력을 증명하는 수단을 갖고 싶으신가요? 가장 접근하기 편한 수단은 JLPT 시험입니다. 1년에 두 번 있는 일본어 능력 검정 시험이고, 일본에서도 인정하는 시험인데요. 등급이 5단계로 나뉘니 자신에게 적합한 단계를 골라 부담 없이 경험해보세요.

저는 늘 벼락치기로만 공부했는데요. 우선 벼락치기가 아닌, 안전하게 공부하는 모범적인 방법부터 알려드려야겠죠? JLPT 시험에 가장 효과적인 어휘 공략에 중점을 둔 공부법은 이렇습니다.

STEP 1 어떤 급수에 응시해야 할지 모르겠다면 인터넷에서 JLPT 급수별 기출문제를 검색해본다. 풀 수 있는 기출문제가 몇 급인지 보고 시험 칠 급수를 정한다.

STEP 2 JLPT 문제집을 검색해 자신에게 맞는 문제집을 구입한다.

STEP 3 어휘 파트를 가장 먼저 보고, 하루에 공부할 분량을 정한다.

STEP 4 매일매일 시간이 날 때마다 공책 등에 단어를 적어가며 외운다.

STEP 5 한 페이지씩 어휘를 한 번 써보고 문제를 푼다.

STEP 6 풀면서 헷갈리는 단어에 체크해둔다.

STEP 7 채점 후 틀린 문제, 맞힌 문제 모두 해답을 보며 한 번 더 확인한다.

STEP 8 4~7의 과정을 반복하며 어휘 위주로 공부한다.

STEP 9 다음으로 문법 파트를 함께 공부한다.

STEP 10 문제 풀이 무한 반복!

STEP 11 기출문제를 실제 시험 시간에 맞춰서 풀어본다.

STEP 12 전체를 반복한다.

시험이 3개월 정도 남은 시점에 이렇게 공부하기로 계획하고 시작합니다. 저는 아이패드로 단어를 쓰면서 공부했어요.

하지만 오로지 시험 준비에만 몰두할 수 있는 상황이 아닌 이상 공부라는 것이 계획대로 순조롭기란 어려운 법. 현생의 이런저런 상황에 치이다 보면 시험이 한 달 앞으로 다가옵니다. 그럼 이제 시험 한 달 전 시작하는 벼락치기 공부법을 알려드릴게요. 앞의 정석 방법을 더 빠르게 돌린 것이긴 하지만, 나름의 요령이 있습니다.

- STEP 1) 공부에 필요한 모든 내용이 한 권에 들어 있는 JLPT 문제집을 준비한다.
- STEP 2) 가장 먼저 어휘를 보고, 책 내용은 어휘를 중심으로 빠르게 훑는다.
- STEP 3) 책에 적힌 단어 위에 연필로 한 번씩 따라 써가며 빠르게 훑는다.
- STEP 4) 한 파트의 어휘를 다 훑었으면 그 단어가 나오는 문제를 푼다.
- STEP 5) 전혀 모르겠다 싶은 문제에는 본인이 알아볼 수 있는 표시를 해둔다. 확실하게 알고 푼 문제와 긴가민가하며 푼 문제도 구분되도록 다른 표시를 해둔다.
- STEP 6) 채점을 하며 틀린 문제의 해답을 확인한다.
- STEP 7) 헷갈리는 단어와 틀린 문제 위주로 체크해두고 한 번씩 더 본다.
- STEP 8) 시간 관계상 확실하게 알고 푼 문제는 패스한다.
- STEP 9) 3~8의 과정을 반복하되, 어휘 외우기에 중점을 둔다.
- STEP 10) 본인이 회화가 어느 정도 가능하다고 판단한다면 바로 기출문제를 시간에 맞춰서 푼다.
- STEP 11) 회화가 아직 부족하다고 느껴진다면 문법 파트를 공부한다.
- STEP 12) 반복한다.

물론 차근차근 공부하기를 권하지만, 사람 일은 알 수 없으니 벼락치기 요령도 알아둬서 나쁠 건 없겠죠. 어쨌든 벼락치기를 할 때에도 어휘 외우기에 중점을 두면 시험에 상당히 도움이 된다는 사실을 강조하면서, 시험 한 달 전에 벼락치기로 공부한 제 책을 살짝 보여드릴게요. 급박함이 느껴지죠? 혹시 벼락치기를 하시더라도 평소 덕질의 힘을 빌려 좋은 결과가 있기를 빕니다!

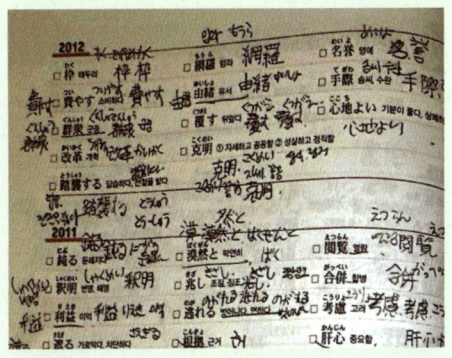

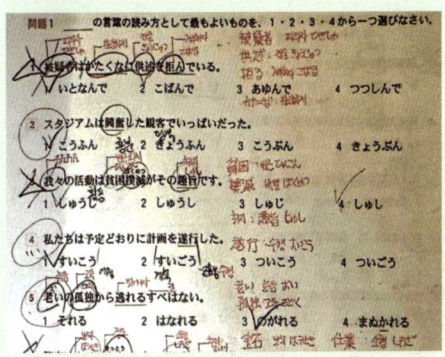

8.

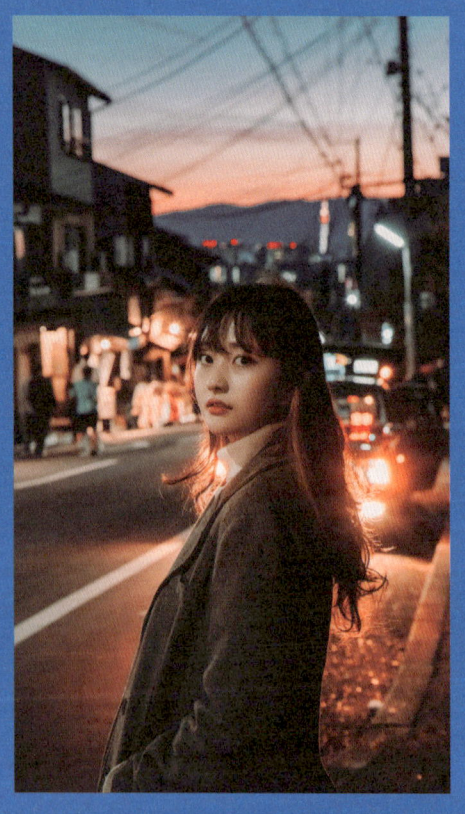

회사를 뒤로하고, 워킹 홀리데이

何かを得るためには
同等の代価が必要になる。

나니카오 에루타메니와
도-토-노 다이카가 히츠요-니 나루

무언가를 얻기 위해서는
반드시 동등한 대가를 치러야 한다.

〈강철의 연금술사〉 중에서 -

물 들어오는
길로 가보자

 살다 보면 우리는 여러 가지 선택의 기로에 서게 됩니다. 예상대로 흘러가는 일도 있지만 전혀 예상하지 못한 일도 생각보다 꽤 자주 일어나죠. 제가 일본어를 하게 된 것도, 유튜버가 된 것도 전혀 예상하지 못한 일이었어요. 격리 기간에 너무 한가해서 추천 애니메이션 1화 재생을 클릭한 것이 이 모든 일의 시작이었을까요? 아니면 아무 생각 없이 애니를 보다 문득 '케-사츠'라는 단어가 귀에 들린 그 순간이 시작이었을까요? 아니면 더 거슬러 올라가 〈코난〉을 자막판으로 보겠다고 선택한 때가 그 시작이었을까요? 어찌 되었든 그런 사소한 선택이 제가 나아갈 길을 좌우한 걸 보면, 정말이지 인생은 알 수 없는 것 같아요.

아사히TV의 〈타비사라다〉에 출연하고 나서 얼마 지나지 않아 저는 또 새로운 선택의 기로에 서게 되었어요. 구독자가 늘어나고 일본 콘텐츠 채널로서 자리매김할수록 다양한 제안을 많이 받게 되고 하고 싶은 일들도 더 많이 만나게 되었는데, 직장인이다 보니 그런 제안들을 수락하는 데에도 한계가 있었거든요.

지극히 당연한 말이지만, 인간에게는 누릴 수 있는 시간이 한정되어 있잖아요? 직장인에게는 연차가 한정되어 있고요. 본업과 크리에이터 활동 모두를 원하는 만큼 해낼 수 없는 상황이 된 거죠. 한동안 고민한 끝에 저는 이런 결론을 내리게 됩니다.

'물 들어올 때 노 젓자.'

회사를 그만두기로 결정했습니다. 일본 여행 영상의 조회 수가 점점 오르면서 유튜브 구독자 수도 우후죽순 늘어나고 있었고, 마침 저는 일본 거리나 문화에 대한 동경이 있고, 일본어로 대화도 가능하고, 직장을 다니면서 할 수 없는 다양한 일이 들어오고 있고, 많은 구독자들이 또 다른 지역에서의 일본 여행 영상을 원하고 있었어요. 그렇지만 사회

초년생인 저의 연차는 1년에 15일뿐이죠. 요즘 같은 취업난에 안정적인 정직원 자리를 박차고 나간다는 게 쉬운 결정은 아니었지만, 제가 유튜브를 시작하게 만들었던 그 한마디가 다시금 머릿속에 울렸습니다.

"나중에 나이 들어서 후회하지 말고 지금 해."

그리고 저의 모토인 '흘러가는 대로' 하기로 했어요. 내가 갈 수 있는 여러 길 중 지금 일본 콘텐츠라는 물길에 물이 들어오고 있으니까, 노를 저어서 흘러가야지. 현재에 충실하게.

1년을 활용하는
최적의 선택

　퇴사까지 하면서 채널에 집중하기로 한 마당에, 어떻게 하면 가장 효율적으로 콘텐츠를 만들 수 있을지 고민해봤어요. 더 많은 일본 현지 콘텐츠를 원하는 구독자들의 기대에 부응하면서 저 자신의 흥미도 충족시킬 수 있는 길. 일본어로 대화하기를 좋아하고, 일본 거리나 문화를 좋아하며, 일본 여행을 좋아하는 제가 사전 준비를 많이 하지 않아도 되면서 콘텐츠를 확보할 수 있는 방법이 뭐가 있을까 생각해보니 결국 하나의 길이 눈앞에 떠오르더라고요.

　워킹 홀리데이.

　일본에서 일까지 하면서 생활할 수 있으니, 앞서 제가 고

려했던 조건들에 딱 들어맞는 길이었죠.

'한번 도전해보자! 막상 가봤는데 망하면 돌아오면 되지. 그러니 한 살이라도 더 젊을 때 가는 거야!'

조금은 무모해 보일지 모르지만 이렇게 생각하며 워킹 홀리데이에 도전하게 됐어요. 일본 워킹 홀리데이는 기간이 1년으로 정해져 있다는 사실도 부담을 덜어줬어요.

워킹 홀리데이 비자는 다른 비자에 비해 비교적 받기가 쉽다고는 하지만, 그래도 거쳐야 할 절차가 제법 있는 편이에요. 대학 입시 자기소개서나 취업 자기소개서가 떠오르는 이유서와 계획서를 유의사항에 유념하며 작성해야 하고, 기본적인 본인 증명 서류와 함께 잔고가 280만 원 이상인 통장 내역 등 10가지가 넘는 서류를 준비해야 해요. 워킹 홀리데이 취지에 맞게 꼼꼼히 준비하는 것이 중요하다고 해서 자세히 알아보고 서류를 제출해 한 번에 발급받을 수 있었어요.

비자가 나왔으니 이제 일본 생활에 필요한 것들을 준비하는 과정이 남았죠. 거주할 지역을 선택하고, 부동산 탐색 및 계약, 국제 우편 부치기 등등…. 한국에서 정리하고 가야 할 것들도 산더미같이 남아 있었어요. 보험 처리, 신용카드

개통, 휴대폰 통신사 해지 혹은 요금제 변경, 자취방 해약 및 이사 등등….

가볍게 떠나기로 한 것치고는 감당하기 벅찬 일들도 꽤 있었지만 그래도 앞으로 펼쳐질 일본 생활을 기대하는 마음이 컸기 때문에 즐겁게 준비할 수 있었어요.

모든 준비를 철저하게 마친 후, 드디어 떠납니다.

일본 오사카로.

월세부터 간사이벤까지
오사카 100% 만끽하기

    오사카를 택한 이유는 그곳 분위기가 마음에 들었기 때문이에요. 워킹 홀리데이를 계획하기 전에 마지막으로 여행을 다녀온 곳이 오사카였는데, 그때 만난 오사카 사람들의 엄청난 친화력과 기상천외한 개그 코드가 저와 잘 맞아서 '이곳이야말로 나의 도시'라는 생각이 들었거든요.

    현실적인 이유도 있었어요. 저는 평소 도시에 대한 로망이 있어 일본에서도 가능하면 대도시에 살아보고 싶었는데, 도쿄와 오사카 중에 고민하다가 도쿄의 월세보다 오사카의 월세가 조금은 저렴한 편이라 결국 오사카로 결정했던 거지요.

오사카 생활이 시작되자 전화 통화 앱으로 일본어를 익힐 때 관서 지역 친구를 사귀는 바람에 배우게 된 사투리, '간사이벤'을 실전에서 활용하게 되었어요. 외국어를 배운다면 당연히 표준어가 우선이라고 생각하는 분들도 많겠지만, 제 생각은 좀 달라요. 일본어 하는 김에 여러 지방 사투리도 구사할 수 있으면 더욱 다채로운 대화가 가능하잖아요? 저는 간사이벤에 너무 익숙해진 나머지 일본 어느 지역을 가든, 어느 지역 출신의 일본인을 만나든, 외국인이 간사이벤을 쓴다면서 신기해하고 궁금해하더라고요. 생각해보면 당연한 일 같아요. 한국인인 우리 앞에 20대 일본 여성이 나타나 전라도나 경상도 사투리로 말한다면 누구라도 재밌어하지 않을까요? 간사이벤 덕분에 상대의 질문도 많아지고 대화의 텐션이 오르면서 즐거운 분위기가 형성되는 경우가 많았기에 저는 오히려 간사이벤을 익히길 잘했다고 생각했어요.

꿈꿔왔던 '일본 생활 로망'들을 하나씩 이루고, 경험하고, 즐기는 나날이 이어졌어요. 구독자 분들이 "일본에 산다면 이런 건 꼭 찍어주세요!"라는 리퀘스트를 보내주셨기에 그 영상들도 촬영하고, 편집하고, 또 여행 다니고, 편집하고⋯ 그런 일상을 보내는데 문득 이런 생각이 들더라고요.

'나쁘진 않지만 지속적인 인간관계가 안 생기는데?'

여행 중에 가게 주인과 얘기하거나, 혼술을 하면서 옆자리 사람과 대화를 나눠도 일회성 만남에 그칠 뿐이니 지인, 친구를 만들기가 어려운 환경이었어요. '생활감'이 부족하달까요. '이대로는 안 돼! 기왕 일본에 워홀까지 왔으니 본전을 뽑아야 해!'라는 생각에 무엇을 하면 좋을지 곰곰이 생각해봤어요.

그리고 나온 결론이 바로, '일본에서 취업해보자!'였어요.

애니로 시작한 일본어로
직장을 잡다니

　바로 일본의 취업 공고 사이트에서 일자리를 찾아봤어요. 제가 도전해볼 만한 여러 공고 중에서 한국어 학원의 강사 모집이 눈에 딱 들어왔어요. 필요한 자격증은 JLPT N1. 당시에 당장 필요하지는 않았지만 실력을 시험해볼 겸 JLPT에 차근차근 도전해서 N1을 취득했던 건 바로 이걸 위해서였던 걸까요? 물론 자격만 충족한다고 바로 채용되는 것은 아니고, 면접과 모의 수업이라는 관문이 기다리고 있었지만요.

　그래도 두려울 것은 없었어요. 왜냐하면 제겐 지난 몇 년간 잠들기 전 알바 면접 일본어 상황극을 머릿속으로 돌려본 경력이 있잖아요? 드디어, 3년 전 코로나 시절 자취방에서 혼자 '이러면 좋겠다~'라고 상상만 했던 상황이 현실이 된 순간이었어요. 무사히 면접과 모의 수업을 마치고 며칠 후 합격 통지를 받았고, 그때 한 가지 사실이 피부에 와 닿았어요.

좋아서 재미로 했던 일이 이런 결실로 돌아왔구나. 취업이나 진학 같은 거창한 이유가 있었던 것도 아니고, 어떻게 될지도 모르는 채 그냥 취미 삼아, 단지 일본어로 말해보고 싶다는 생각 하나로 시작했던 상황극이 현실에서 빛을 발했구나.

그래서 이 책을 읽고 계실 여러분과 일본어를 잘하고 싶거나 다른 무언가를 재미 삼아 해보려는 분들에게 꼭 전하고 싶은 말이 있어요.

'이런 게 진짜 도움이 될까?'

'지금 이런 거 할 시간에 다른 걸 하는 게 낫지 않을까?'

'다른 사람들이 다 하는 검증된 방법으로 하는 게 나을까?'

이런 생각이 들 때, 이 말을 떠올리셨으면 해요.

"사소하고 의미 없어 보이는 그 어떤 행동도 내가 좋아하고 그 순간 마음을 다해 몰입할 수 있다면, 먼 훗날 무언가를 이뤄낼 밑거름이 되어줄 거예요."

그때부터 강사 연수를 받으며 일본에서 한국어 강사가 되기 위한 첫걸음을 뗐어요. 기본적인 학원 운영 시스템과 수업할 내용을 자세히 교육받는 과정이었죠. '한국 원어민이 한국어를 가르치는데 뭐 새롭게 배울 게 있나?' 싶으실지도 모르겠지만, 생각보다 만만치 않았어요. 우리가 아무 생각 없이 무의식적으로 구사하는 한국어 문법을 한국어를 모르는 사람이 그 원리를 이해할 수 있도록 설명해야 하니 오히려 더 많은 공부가 필요하더라고요. 게다가 이걸 한국어가 아닌 일본어로 설명해야 하니까요.

제가 가장 충격을 받은 부분이 바로 과거형 문법이었는데요. 현재형 문장을 과거형으로 변형할 때 우리는 그냥 대충 '했어요' 정도로 생각하고 말하잖아요. 그런데 이 변형에 철저한 문법 규칙이 있더라고요. 동사나 형용사의 기본형인 '~다'에서 '다'를 빼고 그 앞에 있는 모음이 ㅏ, ㅗ로 끝나면 '았', ㅏ, ㅗ 이외의 모음으로 끝나면 '었', 기본형이 '~하다'

의 형태라면 '였'을 붙인다는 거예요.

'아… 그래, 듣고 보니 맞네, 맞네' 하게 되기는 해요. 한국어 원어민인 우리는 이런 원리를 일일이 생각하면서 문장을 만들어 뱉지는 않잖아요? 그냥 어릴 때부터 단어의 활용형을 수없이 들으며 자연스럽게 외운 활용형을 쓰는 거죠. 몸으로 체득한 거니까요.

문법을 수학 공식처럼 적용하니 너무 복잡하고 어려운데 심지어 이걸 외국인한테 설명해야 하는 거예요. 그래서 보기 쉽게 표로 정리해서 수업하는데도 가르칠 때마다 어이가 없더라고요.

"한국어 너무 어려운데??"

한국인인 저도 이렇게 어려운데 난생처음 이 과거형 문법을 접하는 일본인은 오죽하겠습니까. 다들 이 부분을 제일 어려워하더라고요.

ㅏ, ㅗ O	았	가다 → 갔다
ㅏ, ㅗ X	었	먹다 → 먹었다
~하다	였	공부하다 → 공부했다

그리고 '습니다'를 '해요'로 변환시키는 순간 모두가 짠듯이 머리를 감싸 쥐어요. 여태까지 배운 모든 것을 버리고 다시 새로 만들어야 하거든요. 보기 쉽게 표로 만들어봤자 어려운 암호 해독문같이 보일 뿐이죠. 제가 봐도 그렇거든요. 여러분이 봐도 복잡하지 않나요? 우리는 이렇게 어려운 언어를 구사하고 있었던 거예요.

ㅏ, ㅗ O	아요	자다 → 자요
ㅏ, ㅗ X	어요	먹다 → 먹어요
~하다	여요 → 해요	운동하다 → 운동해요

습니다 → 해요

ㅏ, ㅗ O	았어요	만나다 → 만났어요
ㅏ, ㅗ X	었어요	읽다 → 읽었어요
~하다	했어요	일하다 → 일했어요

았습니다 → 았어요

받침 ┌ O 으시다 → 으세요   읽으시다 → 읽으세요
     └ X 시다 → 세요   드시다 → 드세요

으시다 → 으세요

한국어 초보들이 되새겨준
어학의 진리

 이렇게 어려운 한국어를 일본어로 가르치게 되다니, 어째 대단한 일을 하는 기분이 들었어요. 여튼 연수와 공부를 거쳐 드디어 수업을 시작했습니다. 1:1로 수업하는 학원이라 다양한 수강생 한 사람, 한 사람과 이야기 나눌 수 있다는 장점이 있었어요.

 대화를 나누며 느낀 것은, 현재 일본에서 한국의 인기였어요. 일본에서 한류 붐이 일었다는 얘기는 여기저기서 들어 대략 짐작하고 있었지만 실제로 보니 놀라움의 연속이었어요.

 첫 번째로 한국어를 배우고자 하는 사람들이 이렇게 많

다는 것에 놀랐고, 두 번째로 한국어에 대한 열정이 하나같이 대단하다는 것, 세 번째로 이미 많은 한국어 미디어를 접한 덕에 한국어를 어느 정도 구사할 수 있는 일본인이 꽤 많다는 것, 마지막으로 많은 일본인에게 한류가 유행으로 그치지 않고 한국어에 대한 학구열로 연결되고 있다는 것이었어요.

또 수강생의 연령층도 제가 생각했던 것보다 다양했어요. 아무래도 청소년층이 많을 것이라 생각했는데 청소년뿐만 아니라 20~30대 수강생도 굉장히 많더라고요. 50~60대 중장년층도 꽤 많았어요. 특히 같이 수업을 들으러 온 모녀 수강생이 기억에 남는데 따님은 아이돌이 좋아서, 어머니는 한국 드라마가 좋아서 함께 한국어를 배우러 오셨다고 해요. 학생분들마다 한국어를 배우려는 이유도 다 달라서 재밌었어요. 가장 주된 이유는 아이돌 덕질이었는데, 그 밖에 드라마도 많았고, 남자 친구가 한국인이라서, 남편이 한국인이라, 직장에 한국인 손님이 많이 오는데 한국어로 접객하고 싶어서 등등 이유도 다양했어요.

다양한 일본인 수강생들과 수업을 진행하며 느낀 것은, 역시 하나의 언어를 익히는 데 '듣고 말하기'가 가장 중요하다는 사실이었어요. 한국어를 공부한 적이 없지만 각종 한국어 미디어를 접하며 듣는 귀가 어느 정도 열려 있는 분들이 많았어요. 그러면 수업 중에 새로운 단어가 나와도 알아보며 반가워하시죠.

あっ！それ韓ドラで聞いたことあります！
[앗 소레 칸도라데 키-타코토 아리마스]
아! 그거 한드에서 들어봤어요!

마치 제가 일본 애니메이션만 줄창 봤는데 듣는 귀가 어느 정도 트이게 된 것처럼요. 강사 일은 가르치는 동시에 도리어 배우는 경험이 되기도 했고, 제가 공부한 방식이 틀리지 않았음을 깨닫는 기회이기도 했어요.

유튜버 셴님,
자막으로 작가 되다

워킹 홀리데이로 마음껏 즐기게 된 일본 생활과 일본 여행, 그리고 일본에서 구한 일자리까지. 이런 활동들이 밑거름이 되어 또 새로운 기회가 찾아왔어요. 바로 책 출간이었죠.

이 책의 프롤로그에 등장한 책, 《여행 일본어 무작정 따라하기》예요. 제 인생 첫 저서이자 출간 즉시 한국 3대 서점 모두에서 외국어 분야 베스트셀러 1위를 석권한 책이기도 하죠. 어떻게 이 책을 쓰게 되었는지 비하인드 스토리를 살짝 풀어볼게요.

제가 책을 쓸 수 있었던 건 '자막' 덕분이었어요. 무슨 소리냐고요? 오사카에서 바쁜 하루하루를 보내며 일본 여행 브이로그 등을 계속 업로드했는데, 일본어 공부 관련 영상은 아니었지만 구독자가 제 브이로그를 보며 하나라도 얻어 가는 게 있기를 바랐어요. 그래서 영상 중간중간 제가 일본어로 대화한 내용 중 여행에서 자주 쓰이는 표현이나 단어를 자막으로 표시하기 시작했어요.

이런 어휘들도 공부라고 하면 외워야 하는 단어라고 인식되지만, 브이로그 속 실제 상황과 함께 보면 더 쉽게 익힐 수 있고 머릿속에 확실히 남지 않을까 싶었기 때문이에요.

그런데 지금 이 책의 출판사이기도 한 길벗출판사에서 이런 제 유튜브 영상을 보고 연락을 해 오셨어요. 이런 제안이었죠.

"자막 속 내용을 '센님의 짤막 일본어 교실'이라는 콘셉트로 확장해 책으로 만들어보면 어떨까요?"

처음에는 '책'이라는 단어가 주는 권위감에 조금 주눅이 들었어요.

'내가… 책의 '작가'가 된단 말이야?'

책을 쓴다고 하면 왠지 '지식인'이어야 할 것 같고 어학 책이라고 하면 일본어를 전공한 전문가여야 할 것 같은데, 그저 애니로 일본어를 배웠고 워킹 홀리데이로 일본에 와

[센님의 짧막 일본어 교실] - 주문편

츄몬 이이데스까? : 주문해도 될까요?
고레데 오네가이시마스 : 이걸로 부탁드려요
우동카 소바카 이카가 나사이마스까?
: 우동이랑 소바 중에 뭘로 하시겠어요?

[센님의 짧막 일본 문화 교실]

타베 아루키 :
직역하면 걸으면서 먹기라는 뜻으로
가볍게 들고 먹을 수 있는 군것질 류를 들고
이동하면서 먹는 문화를 뜻함
(ex. 핫도그, 소떡소떡, 꼬치, 아이스크림 등)

[센님의 짧막 일본어 교실] - 호텔편

오시하라이 호-호 이카가나사이마스까?
[결제 방식은 어떻게 하시겠습니까?]

겐킹 : 현금
카-도 : 카드
~데 오네가이시마스 : 로 부탁드려요

있는 유튜버인 제가 남을 '가르치는' 책을 쓴다고요?

처음엔 꽤 부담스러웠지만 이 또한 새로운 길이 열린 셈, 좋은 경험이 될 것 같아 책을 쓰기 시작했어요. 생활하는 짬짬이 여행 중 경험할 법한 상황을 겪으면 바로 관련 표현을 메모해두고, 일본인 직장 동료나 친구에게 물어보기도 하며 책에 담을 내용들을 차곡차곡 모았습니다. 설레는 마음으로 떠난 누군가의 일본 여행이 이 책 하나로 120% 편해지기를 바라며. 일본어를 할 수 있게 된 후 떠난 일본 여행에서 제가 느낀 놀라운 '경험의 차이'를 조금이라도 더 많은 사람들이 느껴주기를 바랐기에.

다양한 마음을 담아 써 내려간 책이 완성되어 무사히 세상에 나왔고, 저는 작가가 되었습니다. 하루에도 몇 번씩 바뀌던 어릴 적 꿈 중에 작가도 있었는데, 그 꿈을 이런 방향으로 이루게 될 줄은 꿈에도 몰랐어요. 제가 지금 과거로 돌아가 일본어라고는 〈명탐정 코난〉 명대사밖에 모르던 법학과 학부생인 저에게 "너는 3년 후에 여행 일본어 회화 책을 내고 그 책이 외국어 분야 베스트셀러 1위를 할 거야"라고 한다면 사기꾼 취급을 당하겠죠. '사기를 칠 거면 적어도 사전 조사라도 하고 와야지, 뭐 저런 밑도 끝도 없는 소리를?' 하고 타박이나 들으면서요.

  책을 출간하고 나니 그로부터 또 새로운 일을 할 기회가 생겼어요. 한 어학 출판사에서 새롭게 출시할 어학서에 포함될 영상 강의를 제작해달라는 제안을 받았거든요. 어학서를 구매하면 그 책의 부록으로 제가 직접 제작한 강의를 볼 수 있는 형식으로요. 저도 이제는 머뭇거리지 않고 달리기 시작했습니다. 제 유튜브 채널에서 다루던 수준보다 더 전문성 있고 본격적인 교육 영상을 제작하는 것이었기에 일본어 강사와 어학서 작가로서의 경험을 최대한 활용했어요. 대본 제작부터 촬영, 편집, 수정까지 전부 다 직접 했기에 시간도 정성도 많이 들어간 프로젝트였어요. 일본어를 전공하지 않았지만, 책 출간을 기점으로 '교육'을 목적으로 하는 협업 의뢰가 늘기 시작한 걸 보면 역시 책을 낸다는 건 나름대로 전문성을 인정받는 관문인가 봐요.

그저 애니를 재미있게
봤을 뿐입니다만

 물 들어올 때 노 젓듯, 눈앞을 가리는 풀을 베어내듯, 하나하나 일들을 해나가다 보니 어느덧 제법 다양한 경력이 쌓였네요. 다름 아닌 '일본어' 덕분에요.

리포터

기자

유튜버

JLPT N1, N2, N3, N4 자격증 취득

일본에서 한국어 강사

한국에서 일본어 강사

작가

강연 기획자

처음으로 돌아가보면, 저는 그저 애니메이션을 너무 재미있게 본 사람이었을 뿐인데 말이죠.

일본에서 이 책을 쓰면서 '어떻게 여기까지 오게 되었을까' 생각하며 한 번 더 신기한 기분에 사로잡힙니다. 그저 제 유튜브 영상이 우연히 알고리즘을 타서 지금의 제가 있는 걸까요? 도쿄 브이로그 1편의 베스트 댓글이 다시 떠오릅니다.

제가 일본어를 하지 못했고, 그래서 그 브이로그가 현지인과의 교류가 없는 영상이었다면 애초에 알고리즘의 간택을 받을 수 있었을지, 설사 간택을 받았더라도 그 후 계속 조회 수가 올라갔을까요? 제 생각은 아니라는 쪽으로 기우네요. 단순히 브이로그 하나만 보는 데 그치지 않고 구독까지 해주신 분들은 저와 일본인과의 교류, 일본어 구사 등을 볼 만한 것으로 여겨주시는 거라고도 생각해요. 바로 그런 구독자들, 저의 일본어에 주목하는 구독자들이 지금의 저를 있게 해준 것이겠죠. 바로 '센님의 일본어'를 봐주시는 분들요.

평범한 직장인으로 살아가던 저를 지금 이렇게 다이나믹하게 생활하게 만든 일등 공신이 '일본어'라니, 그것도 한가할 때 재미 삼아 시작한 '덕질 일본어'라니.

그때는 몰랐죠. 덕질의 힘이 이렇게 크다는 걸요.

여행을 앞두고 있을 때 알아두면 좋은 일본어

지금 이 책을 보고 계실 여러분을 비롯하여 많은 한국인이 현지인과 만나 일본어로 말해보게 되는 상황은 역시 여행이겠죠. 그러니 여행에서 사용하는 회화만큼 일본어를 익히는 데 실용적인 게 없습니다. 미리 준비해서 가면 더 든든하겠죠. 이제 재미로 즐겁게 일본어를 계속할 마음이 드셨기를 바라며, 여행 중에 가장 자주 쓰이는 유용한 표현들을 골라 정리해봤어요. 이 표현들을 지금부터 입 밖으로 내뱉으며 말하기 연습을 해보세요. 일본에 갔을 때 저절로 툭 튀어나와 뿌듯한 기분을 느끼실 수 있도록요.

센님이 야무지게 뽑은 여행 일본어 표현 35

공항이나 교통수단에서

1. 출구는 어디인가요?
   出口はどこですか。
   데구치와 도꼬데스까

② 신주쿠까지 가려면 어디로 가면 돼요?
新宿まで行くためにはどこに行けばいいですか。
신주쿠마데 이쿠타메니와 도꼬니 이케바 이-데스까

③ 시부야에 가려고 하는데요….
渋谷に行こうと思うんですが…。
시부야니 이코-또 오모운데스가

④ (사진이나 메모 등을 보여주며) 이 티켓은 어디서 살 수 있나요?
このチケットはどこで買えますか。
코노 치켓토와 도꼬데 카에마스까

⑤ 이거 난바까지 가는 전철 맞나요?
これ難波まで行く電車であってますか。
코레 난바마데 이쿠 덴샤데 앗떼마스까

⑥ (택시에서 지도 앱을 보여주며) 여기까지 부탁드려요.
ここまでお願いします。
코꼬마데 오네가이시마스

식당, 가게에서

⑦ 이 가게에 줄 서 계신 건가요?
このお店で並んでますか。
코노 오미세데 나란데마스까

⑧ 여기가 줄의 마지막인가요?
ここが列の最後尾ですか。
코꼬가 레츠노 사이코-비데스까

⑨ 2명이에요.
二人です。
후타리데스

⑩ 예약은 안 했는데….
予約はしてないですが…。
요야꾸와 시떼나이데스가

⑪ 예약했어요.
予約しました。
요야쿠 시마시따

⑫ 예약 취소할 수 있나요?
予約のキャンセルできますか。
요야쿠노 캰세루 데키마스까

⑬ 한국어 메뉴 있나요?
韓国語のメニューありますか。
캉코쿠고노 메뉴-아리마스까

⑭ 추천 메뉴 있나요?
おすすめのメニューありますか。
오스스메노 메뉴-아리마스까

⑮ 이걸로 주세요.
これでお願いします。
코레데 오네가이시마스

⑯ 카드 되나요?
カード使えますか。
카-도 츠카에마스까

⓱ 영수증은 괜찮아요.
レシートは大丈夫です。
레시-또와 다이죠-부데스

⓲ 이 가격은 뭔가요?
この値段はなんですか。
코노 네단와 난데스까

⓳ 계산이 잘못됐어요.
会計が間違っています。
카이케-가 마치갓테이마스

길거리, 관광지에서

⓴ 여기서 사진 찍어도 되나요?
ここで写真撮っても大丈夫ですか。
코꼬데 샤신 톳테모 다이죠-부데스까

㉑ 사진 찍어주실 수 있나요?
写真撮ってもらってもいいですか。
샤신 톳테모랏테모 이-데스까

㉒ (입장권을 보여주며) 이 티켓으로도 들어갈 수 있나요?
このチケットでも入れますか。
코노 치켓토데모 하이레마스까

㉓ 걸어서 갈 수 있나요?
歩いて行けますか。
아루이테 이케마스까

㉔ 조금만 더 천천히 말해주세요.
もうちょっとゆっくり話してください。
모-춋또 윳쿠리 하나시테 쿠다사이

㉕ (번역기 앱을 보여주며) 여기에 적어주실 수 있나요?
ここに書いてもらってもいいですか。
코꼬니 카이테 모랏테모 이-데스까

이자카야, 바 등에서

㉖ 우선 생맥주로 부탁드려요.
とりあえず生ビールでお願いします。
토리아에즈 나마비-루데 오네가이시마스

㉗ 이건 오토시*인가요?
これはお通しですか。
코레와 오토-시데스까
*일본 술집에서 기본으로 나오는 안주를 일컫는 말

㉘ 건배하실래요?
乾杯しませんか。
캄빠이 시마셍까

㉙ 저는 한국인이에요.
私は韓国人です。
와타시와 캉코쿠진데스

㉚ 인스타그램 교환하실래요?
インスタ交換しませんか。
인스타 코-캉시마셍까

쇼핑할 때

31 시착 가능한가요?
試着できますか。
시챠쿠 데키마스까

32 다른 사이즈 있나요?
他のサイズありますか。
호카노 사이즈 아리마스까

33 면세 되나요?
免税できますか。
멘제- 데키마스까

34 이 할인권 쓸 수 있나요?
この割引券使えますか。
코노 와리비키껜 츠카에마스까

35 카드로 부탁드립니다.
クレジットでお願いします。
쿠레짓토데 오네가이시마스

Epilogue

 제 인생 두 번째 책이 마무리되었네요. 저처럼 혼자서 일본어를 공부하겠다고 마음먹은 분들께 최대한 도움이 되길 바라는 마음으로 '센님의 덕질 일본어 과정'을 자세히 적어봤는데 어떠셨나요. 재미있게 읽으셨을까요? 도움은 되셨을까요? 사실 저는 여기까지 쓰면서도 계속 머릿속에 이 질문 하나가 떠나지 않았답니다.

 '내가 누군가에게 이렇게 가르침을 줄 정도인가?'

 하지만 이런 생각이 들 때마다 또 다른 생각 하나로 마음을 다잡았어요.

 '만약 일본어를 잘하기 전으로 돌아간다면 나는 이런 책을

원할 거야.'

무언가를 처음 시작하거나 해보려 마음먹었을 때 기대감과 의욕이 퐁퐁 솟아나기도 하지만 한편으로는 지극히 사소한 일로 자신감을 잃기도 해요. 아직 그 무언가와 함께한 시간이 적고, 그 무언가를 할 줄 알아서 즐겁고 행복했던 경험도 별로 없기 때문일 거예요. 그래서 그때의 저에게, 또 여러분께 도움이 될 만한 메시지는 바로 이거라고 생각하며 써 내려갔어요.

"즐기는 것이 1순위, 계속 즐길 수 있다면 나머지는 차츰 해결된다."

이 메시지를 전하기 위해 일반적인 학습법 책과는 달리 저의 개인적인 경험이나 감정을 많이 담았는데요. 일본어 배우기에 대한 진입 장벽을 낮추는 것이 가장 중요하다고 생각해서였어요. '학습'이라는 건 참 재미없고 딱딱한 이름이잖아요? 아무리 흥미로운 일이라도 '학습!!! 공부!!! 암기!!!' 하면서 욱여넣으려고 하면 질리고 힘들어서 처음에 느낀 호기심과 흥미마저도 사라져버린단 말이죠. 저는 그렇거든요.

그렇게 하지 않아도, 정말 '재미'만을 중심에 두고도 상당한 수준까지 언어를 익힐 수 있다는 걸 꼭 알리고 싶었습니다. 그래서 아직 일본어를 모르는 과거의 제가 재밌게 볼 수 있기를,

또 저를 응원하고 좋아해주시는 분들이 저의 경험을 재밌게 읽어보시기를, 일본어를 배우기 시작한 분들은 최대한 재미있게 배우시길, 이미 일본어를 할 줄 아시거나 숙달하신 분들은 일본어를 더 즐길 수 있는 힌트를 찾으시길 바랐어요.

일본 애니메이션을 실컷 보면서 일본어를 배울 거라고 말했을 때 누가 "야, 그까짓 거 본다고 언어가 되겠냐?"라고 비웃는다면 이제 "센님처럼 덕질로만 일본어 배운 사람도 있다!"고 반박하실 수 있을 거예요. 한창 취업 준비를 해야 하는 대학교 3학년 때, 하라는 토익 준비는 안 하고 주야장천 애니만 보다가 해본 적도 없고 당장 쓸데도 없는 일본어를 하더니 유튜브까지 하겠다고 하는 저를 우습게 본 사람들도 있었겠죠. 그렇지만 그때 '그까짓' 애니메이션을 실컷 본 그 몇 달이 없었다면 지금 이렇게 제 이름을 걸고 책을 쓰지 못했을 거고, 베스트셀러 작가가 되어보지도 못했을 거고, 26만 명 이상이 구독하는 유튜버가 되지도 못했을 거고, 일본에서 살지도, 일본에서 한국어 강사를 하지도 못했을 거예요.

제가 가끔 크리에이터로서 초청받아 대학교나 단체에서 강연을 할 때면 늘 하는 말이 있어요.

"가치 없는 시간은 없었다."

"꾸준하면 그 노력은 어떤 형식으로든 보답받는다."

제가 인생에서 밟아온 모든 과정 중 무가치한 것은 하나도 없었어요. '애니메이션 실컷 보기'처럼 남들에겐 시간 낭비로 보이고 비웃음만 사는 일이었어도 결과적으로는 지금의 저를 만든 중요한 한 부분이었거든요.

하나하나로는 아주 사소하고 별거 아닌 경험의 조각들이라도 그 조각들이 모여 큰 판을 만드는 게 인생이라고 생각해요. 색도 크기도 재질도 가지각색인 유리 조각들이 모여 하나의 아름다운 작품이 되는 스테인드글라스처럼요!

그러니 여러분도 주저하지 말고 새로이 도전해보시길 바라요. 그게 뭐든! 설령 직업과 관계없거나 당장 현실적으로 도움이 되지 않더라도 그 경험이 반드시 어딘가에 빛을 발할 때가 올 거예요. 그러니 남의 시선이나 처한 상황을 신경 쓰지 말고 하고 싶은 대로 다 해봐요! 특히 언어를요. 제 경우 남의 시선이나 상황에 신경 쓰지 않고 도전했던 것이 일본어였기 때문에 이 책에서 그 과정을 소개했지만, 저의 이야기를 보시고 꼭 일본어가 아니어도 다른 어떤 언어에든 도전하는 기회를 만들어보시면 좋겠어요. 한 가지 언어에 몰입하는 경험은 정말 인생을 달라지게 만들거든요. 손가락 터치 한 번이면 즐길 거리가 넘쳐나는 세상이지만, 집중해서 듣고 보고 말하고 읽고 쓰는 데 몰입하는 취미를 가진다는 건 너무나 멋진 일입니다. 세상을 보는 눈이 넓어지는 건 물론이고, 어쩌면 저처럼 인생 경로가 바뀌는 경험까지 하실지도 몰라요.

제가 1장의 원포인트 레슨에서 '일본어로 좋아할 분야'를 하나 찾아보시라고 했던 거 기억하세요? 책을 다 읽으신 지금 뭔가 하나 정도는 찾아내셨는지 모르겠네요. 애니메이션이든 영화든, 다른 어떤 분야든 꾸준히 좋아할 것 하나쯤은 꼭 찾으셨기를 바랍니다. 당장 뭔가 시작할 시간은 없어도 '그냥 좋아하는 것'을 한 가지라도 찾아 가지고 계셨으면 합니다. 언젠가 일본어, 또는 다른 언어를 배우려고 할 때 앞으로 나아갈 길을 인도하는 흥미로운 이정표가 되어줄 거예요.

이 책이 여러분이 언젠가 시작할 '덕질'의 초대장이 된다면 너무나 기쁠 거예요. 채널에서부터 저를 지켜봐주신 분들께도, 이 책으로 저를 처음 만나 끝까지 읽어주신 분들께도 〈원피스〉의 명대사를 빌려 감사의 마음을 전합니다.

愛してくれてありがとう。

[아이시테쿠레테 아리가토-]

사랑해줘서 고마워.

이 잔잔한 한마디가 왜 〈원피스〉의 명대사인지는 직접 보고 확인해보시면 어떨까요?

읽어주셔서 고맙습니다.

사랑해주셔서 고맙습니다.

앞으로도 함께해주세요.

애니만 봤더니 일본어를 잘하게 된 건에 대하여

초판 발행 · 2024년 12월 20일
초판 3쇄 발행 · 2025년 9월 30일

지은이 · 센님(정세영)
발행인 · 이종원
발행처 · (주)도서출판 길벗
브랜드 · 길벗이지톡
출판사 등록일 · 1990년 12월 24일
주소 · 서울시 마포구 월드컵로 10길 56 (서교동)
대표 전화 · 02) 332-0931 | 팩스 · 02) 323-0586
홈페이지 · www.gilbut.co.kr | 이메일 · eztok@ gilbut.co.kr

기획 및 책임 편집 · 오윤희(tahiti01@gilbut.co.kr), 김대훈 | 디자인 · 최주연
제작 · 이준호, 손일순, 이진혁 | 마케팅 · 차명환, 장봉석, 최소영 | 유통혁신 · 한준희
영업관리 · 심선숙 | 독자지원 · 윤정아

윤문 · 박혜정 | 교정교열 · 이정주 | 표지 일러스트 · 나무13 | 전산편집 · 수(秀) 디자인
CTP 출력 및 인쇄 · 정민인쇄 | 제본 · 정민인쇄

· 길벗이지톡은 (주)도서출판 길벗의 성인어학서 출판 브랜드입니다.
· 이 책은 저작권법의 보호를 받는 저작물로 이 책에 실린 모든 내용, 디자인, 이미지, 편집 구성은 허락 없이 복제하거나 다른 매체에 옮겨 실을 수 없습니다.
· 인공지능(AI) 기술 또는 시스템을 훈련하기 위해 이 책의 전체 내용은 물론 일부 문장도 사용하는 것을 금지합니다.
· 잘못 만든 책은 구입한 서점에서 바꿔 드립니다.
· 책 내용에 대한 문의는 길벗 홈페이지(www.gilbut.co.kr) 고객센터에 올려 주세요.

ISBN 979-11-407-1148-2 03730 (길벗 도서번호 301186)
ⓒ 정세영, 2024

정가 18,500원

독자의 1초까지 아껴주는 정성 길벗출판사

(주)도서출판 길벗 | IT교육서, IT단행본, 경제경영서, 어학&실용서, 인문교양서, 자녀교육서 www.gilbut.co.kr
길벗스쿨 | 국어학습, 수학학습, 어린이교양, 주니어 어학학습, 학습단행본 www.gilbutschool.co.kr